KB220876

뻔뻔하게
말해도
마음을 얻는
대화법

뻔뻔하게
말해도
마음을 얻는
대화법

후지요시 다쓰조 **지음** | 박재영 옮김

HC books

목 차

chapter 12 | 어떻게 신뢰감을 얻을 것인가

당신은
'할 말'을 다 하며
살고 있습니까?

"상대방의 관점에서 생각한다거나, 사람에게는 저마다 다른 점이 있다
거나, 누구에게나 사정이 있다는 것이 잘 이해되지 않았다. 나는 자기
긍정감이 낮고 늘 기분이 축 처져서 자신을 비하했기에 뭐든지 상대방
이 말하는 대로 따라야 한다고 생각했다."

성실하지만,
대인 관계에 서툰 사람이 되다

인생은 만남의 연속이다.

우리는 태어나자마자 부모와 만나고, 어릴 때는 친구와 선생님, 성인이 되면 비즈니스나 지역 관계 속에서 수많은 사람과 만난다. 만남은 대인 관계와 행동의 계기를 만들어 세상에 변화를 일으킨다. 우리는 이러한 변화의 연쇄 속에서 살고 있다.

사람들 간의 커뮤니케이션에서는 '어떻게 말할 것인지, 무슨 말을 할 것인지'가 매우 중요하다. 단, 무언가를 '말할 수 있다면'이라는 조건이 붙는다. 말할 수 없다면 당연히 커뮤니케이션이 성립되지 않는다. 뭐든지 숨김없이 말할 수 있는 경우에는 아무런 문제가 없다. 이를테면 허물없는 친구와의 수다를 예로 들 수 있을 것이다.

하지만 때와 상황, 그리고 상대방에 따라 '하고 싶은 말을 할 수 없는' 경우가 있는가 하면, '말하고 싶지 않지만 말해야 하는, 하지만 어색해서 결국 아무 말도 하지 못하는' 경우도 있을 것이다. 또는 '안 해도 되는 말을 하고 마는' 경우가 있을지도 모른다. 해야 할 말을 하지 못한 탓에 오해가 생겨 문제가 되는 일도 있다.

나는 학생 때 남의 눈에 띄는 것을 좋아하는 사람이었다. 친구들 사이에서는 장난꾸러기로 통했고, 그럼에도 그들과 즐겁게 지냈다. 아무에게나 스스럼없이 말할 수 있어서 무슨 일이든지 속마음을 감추지 않는 유형이었다.

하지만 대학교를 졸업하고 사회 초년생이 되자, 그 당당했던 자신감이 싹 사라지고 말았다. 가령 사무실에서 전화를 받을 때는 잔뜩 긴장해 마치 비밀 이야기를 소곤대듯 목소리가 작게 나왔다. 또 전화를 건 고객의 이름을 잘 알아듣지 못하고도 다시 묻는 것조차 하지 못했다.

비즈니스 대화를 나눌 때는 당연히 긴장하게 마련이다. 하물며 상대방이 처음 만난 사람이라면 더욱더 그럴 것이다. 내 경우에는 처음 본 사람이 무엇을 어떻게 생각하는지 알 수 없어서 두근거리는 마음이 쉽사리 가라앉지 않곤 했다.

날마다 새로운 사람과 명함을 교환하고 뻣뻣한 자세로 거래 상담을 하거나 판매점에서 나온 사람의 농담을 받아치지 못하고 진지하게 대답하기 일쑤였다. 이 때문에 상대방이 어이없어 하거나 심지어 화를 내기도 했다. 그러다 보니 나는 상사들에게 '성실하지만 대인 관계에 서툰 사람'으로 인식되었다.

어떻게 하면
'할 말'을 제대로 할 수 있을까

당시 영업 사원으로 일하던 나는 거래처를 방문할 때마다 온갖 요청을 받았다.

"이 상품은 반품해 주세요."

"그렇게 비싼 가격이면 구매할 수 없습니다."

"이전 담당자는 좀 더 좋은 가격을 제시했었는데……."

나는 당연히 반품이나 할인에 관한 회사 규정이 있었기에 고객에게 이에 관해 확실히 설명했다. 안 되는 것은 안 되는 것이니까.

하지만 나는 결국 고객의 요구에 "예스."라고 답했다. 그 자리에서 제대로 판단하지 못했다기보다는 고객의 말을 거절할 수가 없었다. 거절하면 미움을 사거나 거래가 취소되지 않을까 두려웠던 것이다.

당연히 문제가 발생했다. 할인 신청의 허가가 떨어지지 않았는데 고객에게 할인해 주겠다고 구두(口頭)로 약속했다가 상사에게 혼이 난 것이다.

"제대로 설명하고 와!"

그래서 나는 뭐라고 해야 할지 몰라 주뼛거리며 고객에게 사과하러 간 적이 여러 번 있었다.

일 외에도 내 의견을 좀처럼 말할 수 없는 경우가 있었다. 회사에 들어간 지 2년쯤 되었을 때였다. 중학교 동창으로부터 한 음식점을 소개받아 드나들다가 그 가게 단골손님들과 대화를 나누게 되었다.

나는 슈퍼마켓 사장, 공조 정비회사 사장, 소프트웨어 개발회사 사장, 엔지니어, 뮤지컬을 공부하는 학생, 노래 선생님, 의대생, 의사, 간호사, 세탁소 직원 등 다양한 나이와 업종의 사람들과 알게 되었고, 처음 만난 이들과 대화하는 것에 익숙해져 갔다.

여러 사람의 이야기를 듣는 것은 즐거웠지만, 친숙해진 사람들이 쉴 새 없이 몰려와 난감한 적도 있었다. 한번은 막 일어난 손님을 따라서 가게를 나서려는데 퇴근한 의사와 간호사, 의대생이 들이닥쳤다.

"어, 벌써 가는 거예요? 우리가 왔는데……."

그들은 집으로 가려는 나를 만류했다. 결국 나는 먼저 들어가 보겠다는 말을 꺼내지 못하고, 새벽까지 그들과 어울리고 말았다.

그 결과 회사에 지각하는 바람에 상사에게 혼쭐이 났다.

나는 이런 경험을 통해 어떻게 하면 분위기를 망치지 않고, 상대방의 제의를 확실히 거절할 수 있을지 고민에 빠지게 되었다.

그러다가 할 말을 하면서도 모든 사람에게 호감을 얻고, 거래처에서도 신뢰받는 사람이 있다는 사실을 깨달았다.

거래처 사람들과 농담을 주고받거나 장난치는 등 친밀한

관계를 쌓으면서도 주장해야 할 부분은 확실히 주장하는 선배가 있었다.

그 선배에게 걸리면 성가신 문의도 즉시 해결되었다. 그는 거절할 때는 명쾌한 논리를 세워 거절했고, 양보할 때는 또 시원하게 양보했다.

어느 날, 나는 그 선배에게 질문했다.

"어떻게 하면 선배처럼 할 말을 제대로 할 수 있게 될까요?"

"넌 금방 긴장해서 탈이야. 하지만 그런 건 신경 쓰지 마. 일단 많이 경험하고 익숙해지는 게 중요해."

선배는 때가 되면 자연스레 할 수 있을 거라고 말해 준 것이었지만, 나는 그저 막막했다. 그 후에도 긴장한 탓에 할 말을 하지 못하는 습관은 쉽게 고쳐지지 않았다.

그러다가 나는 기어이 큰 실수를 저지르고 말았다.

옛 신슈[信州] 지방의 중심인 마쓰모토[松本]에서 사무용 가구 영업을 하던 시절에 일어난 일이다. 어느 날, 나는 사무실 레이아웃 도면과 그곳에 설치할 사무용 가구 카탈로그 사진을 붙인 제안서를 들고 거래처를 찾아갔다.

당시 도면은 나가노[長野] 본사의 디자이너가 직접 손으로 그렸고, 사진은 종이 카탈로그를 오려 붙여서 깨끗하게 만들었다. 제안서를 받은 거래처 담당자가 이렇게 말했다.

　　"오늘 아침에 고객에게 갔더니 사정이 바뀌어서 레이아웃과 상품이 변경되었습니다. 납기일도 다가오니까 다시 한번 작성해 주시겠어요? 고객에게 내일 다시 제출하겠다고 했는데 가능할까요?"

　　당시 회사 규정상 나가노 본사의 디자이너를 한 번 더 붙잡아 다시 해 달라고 부탁해야 했다. 이미 저녁이 되었고, 지금 부탁해 봤자 내일까지 제출하기에는 당연히 시간이 부족했다. 하지만 나는 그 부탁을 받아들였다. 직접 하겠다고 결심한 것이다. 초보자가 레이아웃 도면을 다시 그리는 것이니만큼 시간이 오래 걸릴 수밖에 없었다. 오려 내서 쓸 만한 카탈로그 수가 적은 탓에 상품 사진을 잘라 붙이는 것에도 어려움을 겪었다.

　　나는 회사에서 밤을 새웠지만, 결국 완성하지 못했다. 이튿날, 나는 거래처에 사과하러 갔다.

　　"왜 그 자리에서 못한다고 말하지 않은 겁니까? 못한다고 했으면 고객에게 기다려 달라고 부탁했을 텐데. 후지요시 씨가 할 수 있다고 해서 저도 할 수 있다고 대답했다고요."

거래처 담당자는 어이없어 했다. 나는 거듭 사과하고 풀이 죽은 채 거래처를 나섰다. 어찌 되었든 다시 한번 본사 디자이너에게 의뢰했다.

나는 다른 안건을 처리하고 회사에 돌아왔다. 그런데 상사로부터 그 거래처 담당자인 나를 교체한다는 통지를 받았다. 그쪽 거래처 담당자가 상사에게 담당을 바꿔 달라고 직접 연락한 것이다. 상사도 "왜 못하는 일을 할 수 있다고 말했나?"라고 물었다.

당시의 나는 거절이라는 것을 도무지 할 수가 없었다. 거절하면 미움을 사고, 특히나 고객의 말을 거절하면 안 된다고 굳게 믿었다.

상대방의 관점에서 생각한다거나, 사람에게는 저마다 다른 점이 있다거나, 누구에게나 사정이 있다는 것이 잘 이해되지 않았다. 나는 자기 긍정감이 낮고 늘 기분이 축 처져서 자신을 비하했기에 뭐든지 상대방이 말하는 대로 따라야 한다고 생각했다.

내 생각을
'당당히' 말하게 되다

그 후 나는 도쿄로 이동해 사무 통신 판매 부서에서 1년 동안 근무한 후 사내 공모 시스템을 통해 비즈니스 시스템 개발부라는 신규 사업 부서로 자리를 옮겼다.

그곳에서의 일은 먼저 사업 콘셉트 만들기부터 시작되었다. 서비스 명칭이나 내용을 비롯해 취업 규칙 및 임금 규칙을 포함한 모든 구조와 가격 등을 전부 우리 부서가 결정해야 했다.

그곳에서 비즈니스에 대한 내 태도는 크게 달라졌다. '남의 일'로 여기던 것이 '내 일'로 바뀐 것이다.

그 전까지 나는 누군가가 만든 비즈니스 모델을 정해진 방식대로 따라 하는 식의 수동적인 태도를 보였다. 하지만 신규 사업 부서의 경우 우리가 직접 결정한 서비스를 우리가 결정한 순서와 규칙에 따라 실행에 옮겼다.

수동적인 태도를 가지고 있을 때는 회사 지향점과 내 마음이 일치하지 않은 데다 고객과의 사이에서 의향 대립이 생기면 훨씬 더 괴롭게 느껴졌다. 양쪽을 신경 쓰다 보니 더욱 말하기 힘든 상황에 빠지고 만 것이다.

하지만 신규 사업 부서에서 일할 때는 달랐다. 내가 직접 만든 비즈니스 모델이라는, 즉 '나의 일'이라는 생각이 들자 상대방이 거북하게 느낄 만한 말일지언정 말하기 힘들다고 주저하기보다 상대방이 이해해 주기를 바란다고 느끼게 되었다.

또한 노동조합 임원으로서 일본 각지 조합원의 이야기를 들으며 상대방의 입장에 서서 고통이나 고민을 공유하는 것을 철저히 배웠다. 회사 안이라고는 해도 처음 보는 사람과 계속 면담할 때도 있기에 어쩔 수 없이 상대방에게 좋은 인상을 줘서 사람을 단번에 끌어들이는 방법도 눈썰미로 보고 터득했다.

영업 사원 시절에는 회사에서 개최하는 세미나에 고객을 동원하는 등의 일을 할 때 내키지 않거나 상대방의 눈치를 살폈지만, 노동조합 이벤트에서는 겁내는 일 없이 "이렇게 하고 싶다."라고 내 생각을 당당히 말할 수 있게 되었다.

그러자 어느 순간 거짓말처럼 '할 말을 할 수 없는' 심리적인 벽이 사라졌다.

그 후 나는 코칭을 배우고 오랫동안 근무한 회사에서 나와 대화 코칭 전문가로 활동하기 시작했다. 사람들의 애매한 소원이나 희망을 명확하게 하고 꿈을 이루도록 온 힘을 다해 돕는 일이다. 나는 다양한 직종의 사람들을 응원하며 강연회나 세미나 자리에서 한번에 많은 사람들과 만나 왔다. 거래 상담이나 미팅 자리에서는 일대일로 코칭하는 경우도 있는가 하면 일대 다수를 상대하는 경우도 있다.

그러면서도 나는 더 이상 할 말을 할 수 없다는 스트레스를 느끼지 않았다. 대화를 나눌 때 나 자신뿐 아니라 상대방도 즐거워한다는 것을 의식하며 어떤 누구와도 무엇이든 말할 수 있다는 자신감을 얻었다. 비로소 선배에게 들었던, 경험을 쌓고 익숙해지라는 말의 진정한 의미를 이해할 수 있었다.

이 책은 사회인이 된 후부터 자신감이 떨어지고 무서워서 벌벌 떨었던 내가 경험을 쌓으며 얻은 '뻔뻔하게 말해도 마음을 얻는 대화법'의 본질에 대해 알려 줄 것이다. 이를 위해 대화법을 극적으로 바꾸는 포인트인 '기분 조절법'을 중심으로 내용을 풀었다.

이 책을 읽으면 여러분에게 다음과 같은 변화가 일어날 것이다.

- 할 말을 당당히 할 수 있게 된다.
- 싫은 일은 딱 거절할 수 있게 된다.
- '말해도 될까?' 하고 고민하는 일이 사라진다.
- 스트레스가 쌓이지 않게 된다.
- 다른 사람들에게 미움 대신 호감을 얻는다.

어려운 것은 전혀 없다.

이 책은 누구든지 '3초' 만에 대화의 분위기를 바꿀 수 있는 아주 쉬운 대화법을 알려 줄 것이다. 3초라는 짧은 시간 안에 기분을 전환하고 대화의 질을 높일 수 있다면, 인간관계가 극적으로 달라질 것이라고 믿는다.

이 책을 읽고 모쪼록 여러분이 할 말을 당당히 할 수 있게 되었고, 인간관계에서 오는 스트레스가 사라졌다고 느낄 수 있기를 바란다.

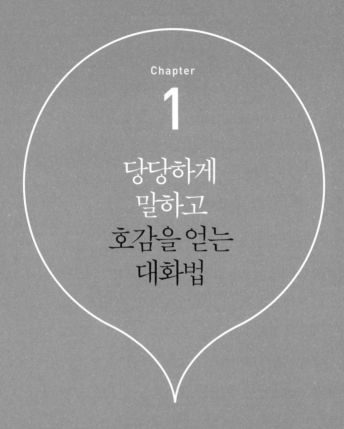

당당하게
말하고
호감을 얻는
대화법

우리 주변에는 다양한 조언이 넘쳐 나고, 커뮤니케이션 노하우를 소개
하는 전문가도 있다. 하지만 그런 조언에 따라 열심히 노력했는데도 실
패했던 경험이 있지 않은가? 왜 실패할까? 그 이유는 바로 대부분 사람
이 가지고 있는 대화법에 대한 오해 때문이다.

거절하거나 부탁할 때
어떻게 말하면 좋을까

'이웃 엄마들이 종종 차를 마시자고 모임에 부르는데, 어떻게 하면 부드럽게 거절할 수 있을까?'

'선배에게 일을 부탁하면 실수가 잦다. 관계를 해치지 않는 선에서 어떻게 주의를 줘야 할까?'

'시부모님이 아이에게 자주 초콜릿을 주시는데, 그러지 않으셨으면 한다. 어떻게 말씀드려야 할까?'

우리는 날마다 다양한 일을 겪으며 느끼고 생각한다. 하지만 내 생각이나 바람을 상대방에게 그대로 전하기가 망설

여지는 경우가 있다.

그 정도까지는 아니더라도 가족에게 빨래를 걷어 달라거나, 밥을 지어 달라거나, 쓰레기를 버려 달라는 등의 부탁을 할 때 약간의 미안함을 느낄 때도 있을 것이다.

물론 아무 망설임 없이 말을 걸 만한 상황도 있다. 이런 경우 문제가 없지만 상대방이 어떻게 생각할까, 또 그런 말을 하면 미움을 사지 않을까 고민에 빠질 때도 있다.

또 일이든 가정이든 세상에는 불합리한 일이 넘쳐 난다. 될 수 있으면 그런 생각을 전하고 싶지 않은데 그러면 상황이 더욱더 나빠지는 경우도 있다. 일어난 일은 어쩔 수 없이 어떻게든 수습해야 다음으로 나아갈 수 있기 때문이다.

내일까지 마감해야 하는 일을 하다가 이 일은 내일까지 다 하지 못할 것 같다고 깨달았을 때 제출 기한을 늦추어 달라고 부탁하는 경우도 있고, 갑작스러운 문제가 생겨서 미팅 시간을 옮겨 달라고 부탁하는 경우도 있을 것이다. 모두가 싫어하는 일을 받아들여야만 하는 입장이 되면, 그것을 직장 동료나 가족에게 말하고 동의를 얻어야 한다.

이럴 때 어떻게 말을 꺼내면 좋을까?

확실히 '할 말'을 하고도
호감을 얻는다고?

누구나 '하기 힘든 말'이나 '하고 싶지 않은 말'을 전해야 할 때가 있다. 무언가 결심하고 말해도 막상 상대방이 기분 나쁜 얼굴을 하면 '아, 역시 말하지 말걸.' 하고 후회하는 일도 있다.

'말하지 않아도 된다면 얼마나 좋을까?'

이런 식으로 생각할지도 모른다. 또 두번 다시 이런 입장이 되고 싶지 않다, 이런 입장이 되었다고 해도 달갑잖은 역할은 절대로 받아들이고 싶지 않다, 입을 꼭 다물어야겠다고 생각할 수도 있다.

하지만 주위를 둘러보기 바란다. 분명히 하기 힘든 말을 한 것 같은데 조금도 미움을 사지 않고 오히려 호감을 얻는 사람이 있지 않은가?

나라면 거절하기 힘든 초대를 아주 쉽게 거절하는 사람.
나라면 말하기 힘든 부탁을 아무렇지 않게 하고, 부탁받은 이가 기꺼이 그것을 받아들이게 하는 사람.
부탁을 거절할 수 없게 만드는 사람이나 사과하면 용서할 수밖에 없는 사람.

반대로, 쉬운 부탁에도 기분 나빠하는 사람.
거절해도 받아들이지 않거나 사과했는데도 오히려 분노를 터트리는 사람.
논리적이기는 하지만 모두가 부담스럽게 여기는 타입이라 협력을 얻기 어려운 사람.
두뇌 회전이 빨라서 똑똑해 보이지만 인간미가 부족한 사람.

똑같이 하기 힘든 말을 전하는 상황인데, 호감을 얻는 사람이 있고 미움을 받는 사람이 있다.

이런 차이는 어디에서 생기는 것일까?

'상대방의 마음을 조정할 수 있도록 절묘하게 표현하기.'

'상대방의 마음을 읽고 타이밍 좋게 말을 걸기.'

'오해 없이 마음을 전하도록 알기 쉽게 말하기.'

기타 등등.

여러분은 어떤 대화법을 사용하고 있는가?

우리 주변에는 다양한 조언이 넘쳐 나고, 커뮤니케이션 노하우를 소개하는 전문가도 있다. 하지만 그런 조언에 따라 열심히 노력했는데도 실패했던 경험이 있지 않은가?

왜 실패할까? 그 이유는 바로 대부분 사람이 가지고 있는 대화법에 대한 오해 때문이다.

말의 '표현'을 바꾸면
대화가 잘 풀릴까

대화법이 인간관계를 개선한다는 것은 맞는 말이다. 관계를 망치는 것도 대화법이고, 관계를 회복시키는 것도 대화법에 따라 결정된다.

세상에는 대화법에 관한 온갖 조언이 있다. 그중에는 '말투'나 '어른스러운 표현', '심금을 울리는 말' 등에 주목한 것도 있다. 말을 바꾸면 대화법이 좋아진다고 설명한다.

확실히 말은 우리가 사용하는 커뮤니케이션 도구로는 최고다. 하지만 실제로는 어떠한가? 다음 대화를 살펴보자.

"수고했어. 요즘 늦게까지 열심히 하는군. 정말로 미안한데, 많이 바쁘겠지만 내 부탁 좀 들어주겠어? 사실 이 건은 부탁할 수 있는 사람이 자네밖에 없어서 말이야. 만약에 해준다면 정말 큰 도움이 되겠네. 가능하면 내일 오후 일찍 해줄 수 있겠나?"

급한 일을 부탁할 때 상대방의 자존심에 호소하는 방법을 사용했다. 상당히 신경을 써서 상대방의 바쁜 상황에 공감하는 마음을 나타냈다. 전달 방법으로는 합격이 아닐까?

그렇지만 이 말을 어두운 표정으로 짜증을 내며 상대방의 눈도 보지 않고 한다면 어떨까? "부탁할 수 있는 사람은 자네뿐이야."라는 말도 허무하게 느껴질 것이고, 상대방은 전혀 존중받는 기분이 들지 않을 것이다.

어떤 점이 좋지 않았을까?

우선 상대방에게 전해지는 '기분'이 최악이다. 상대방이 느끼지 않아도 되는 기분을 전달했다. 상대방의 기분이 나빠지는 것은 당연하다. 이래서는 부탁할 수 있는 일도 부탁할 수가 없다.

이 예는 극단적일지도 모른다. 하지만 하기 힘든 말을 할 때 도저히 말하기 어렵다는 듯이 말하는 사람이 없는가?

"정말로 말씀드리기 어렵지만……."

우는 것처럼 얼굴을 찡그리고 머뭇거리며 혼나는 것을 두려워하는 듯한 모습으로 말을 전한다면, 상대방은 바쁠 경우 "무슨 말이 하고 싶어?", "빨리 말해!" 하고 짜증을 낼지도 모른다. 또는 '저 정도로 말하기 힘들다는 것은 매우 큰일이 있다는 거야.' 하고 방어적인 자세를 취할지도 모른다.

이런 경우 부탁하는 입장에서는 자신의 부탁을 들어주기를 바라면서도 상대방의 입장을 잘 헤아리지 못한다. 상대방은 전혀 그 부탁을 들어줄 기분이 아닌데 말이다. 대부분 사람은 이런 행동을 무의식중에 하고 있다.

그래서 '표현'만 바꿔서는 일이 잘 풀리지 않는다.

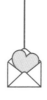

'논리'가 뛰어나도
상대방이 안 움직일 수 있다

미국에서는 토론이 활발하다고 한다. 토론이란 좁은 의미에서는 한 가지 주제에 대해 긍정하는 쪽과 부정하는 쪽이 서로 논리적인 언어 능력을 구사하며 싸우는 경기다. 토론에 익숙한 사람은 모든 대화에서 토론으로 쌓은 기술을 사용할 수 있을 것이다.

경험이 없는 사람이라도 토론 훈련을 하면 논리 전개를 만드는 방법이나 상대방 논리의 맹점을 찾는 방법, 설득력이 있는 변론 기술을 익힐 수 있다.

하지만 일상 대화에서 논리적으로 상대방을 윽박지르면
어떻게 될까?

예를 들어, 당신이 상품 본부 담당자이자 담당 상품의 전
국 판매 실적을 한데 모아 정리하는 책임자라고 가정하자.
전국 영업 담당자들로 하여금 자신이 담당하는 상품을 많이
팔도록 이끌어야 하는 상황이다.

이때 해당 상품이 이익률이 높고, 기능과 디자인이 뛰어
나며, 이 상품의 매출 금액이 영업 담당자의 평가로 이어진
다는 등의 이유를 들며,

"이 세 가지 요소가 있으니 당신은 당연히 이 상품을 팔 수
있을 것입니다. 그런데 상품이 팔리지 않은 이유는 노력이
부족했기 때문이 아닙니까? 지난달보다 이번 달에 영업 활동
을 덜 한 것 아닙니까? 이 상품을 확대 판매하면 그만큼 평가
도 높아질 것입니다. 팔리지 않을 이유가 없습니다."라고 말
했다고 하자.

하지만 영업 담당자는 다른 많은 상품을 취급한다. 당신
이 담당하는 상품을 팔지 않아도 다른 상품으로 돈을 벌 수
있다. 이런 상황인데 당신의 말이 제대로 먹힐까?

당신의 주장이 논리적이라는 이유만으로 사람이 움직이는 것은 아니다. 때로는 전혀 논리적이지 않아도, 또는 근거가 없어도 사람이 움직이는 경우가 있다.

우리의 구매 행동 등은 정말로 비논리적이다. 가게에서 상품을 선택할 때는 그것이 합리적으로 뛰어나서라기보다 광고 등에서 자주 접했기 때문인 경우가 많다. 일에서나 가정에서 논리적으로 옳다고 모두가 이해하는 것은 아니다. 감정적으로도 받아들일 수 있어야 매사가 움직인다.

토론 기술을 배우는 것도 매우 훌륭하지만, 일상생활에서 상대방을 움직이게 하려면 그것만으로는 부족하다.

목소리나 발음이 좋아도
다 호감형은 아니다

'대화법의 개선'이라고 하면, 아나운서의 발음 연습이나 보이스 트레이너의 발성법 등을 떠올릴 수도 있다.

확실히 매력적인 목소리로 발음 좋게 말하는 것은 매우 멋진 일이다. 목소리는 훈련하면 극적으로 달라진다고도 한다. 흥미 있는 사람은 꼭 해 보길 권한다.

하지만 발음이 좋다고 커뮤니케이션이 원활해질까? 반드시 그런 것은 아니다. "교언영색(巧言令色) 하는 자 중에 인격자는 없다."라는 말처럼 말솜씨가 뛰어난 사람은 신용할 수 없다는 이야기가 있을 정도다.

말재주가 없다고 해도, 또는 말이 빨라서 알아듣기 어렵다고 해도 호감을 얻는 사람은 얼마든지 있다.

목소리의 경우는 어떨까. 사람마다 좋아하는 목소리가 다 다르다. 어떤 목소리든 개성적이고 매력적이다. 나는 다양한 사람의 목소리에 매력을 느낀다. 무엇이 더 좋다거나 나쁘다고 생각하지 않는다. 좋다고 느끼는 목소리가 몇 가지 있을 뿐이다.

발음이나 목소리를 좋게 만들기 위해 노력하는 것은 바람직하지만, 그것만으로 커뮤니케이션이 원활해지는 것은 아님에 유념하자.

호감을 얻기 위해서는
'기분 조절'이 중요하다

하기 힘든 말을 거리낌 없이 말해도 호감을 얻는 사람, 상대방 귀에 거슬리는 말을 거침없이 내뱉어도 미움을 받지 않는 사람이 특별한 말투를 지녔다거나 논리적이라거나 목소리가 좋아서 그런 결과를 얻는 것은 아니다.

왠지 모르게 다른 사람들의 호감을 얻는 주위 사람을 떠올려 보자. 위에서 설명한 능력을 전부 갖추고 있는 사람은 아마 없을 것이다.

내가 회사에 다니던 시절, 선배 중에 매우 우수한 영업 사원이 있었다. 대화법이 뛰어나다는 인상을 받지는 못했다. 하지만 그 선배는 늘 방긋방긋 웃는 얼굴을 보였고, 후배인 내게 '씨'를 붙여 불렀다.

선배는 틈만 나면 다른 사람의 좋은 점을 칭찬했다. 내 헤어스타일이나 넥타이가 멋지다고 한 적도 있다. 그러다 보니 선배와 이야기하면 기분이 좋아지곤 했다.

이런 장점을 가진 그를 싫어할 사람이 있을까. 그는 상사부터 파견 사원까지 많은 사람의 사랑을 받았으며, 외부 고객으로부터도 신뢰를 얻었다.

이렇듯 커뮤니케이션을 잘하는 사람에는 다양한 유형이 있다. 수다스러운 사람이 있는가 하면, 말수가 적은 사람도 있다. 어려운 말을 사용하지 않고 단순한 말로 설명하거나 목소리가 탁해서 말을 알아듣기 어려운데도 매력적인 사람도 있다. 이들은 약점이 있어도 자신의 장점을 살려 어떻게든 전하고 싶은 말을 전하고 상대방을 순순히 이해시킨다.

왠지 모르게 호감을 얻는 사람의 대화법에서 가장 중요한 것은 바로 '기분 조절'이다.

호감을 얻는 대화법을 이미 사용하는 사람 입장에서는 이 말이 딱 와 닿지 않을 수 있다. 그 이유는 오랜 세월의 경험과 천성적인 감으로 기분 조절법을 터득해 무의식적으로 실천하고 있기 때문이다. 자신도 모르게 자신의 '좋은 기분'을 모두에게 전달하고 있는 것이다.

그래서 이런 사람과 대화를 나누는 상대방은 어느새 좋은 기분과 함께 그에게 호감을 느끼게 된다. 하지만 지금은 이 '기분 조절'이라는 것이 구체적으로 어떤 것이고, 어떻게 해야 하는지 감이 잘 오지 않을 것이다.

다음 장부터 호감을 얻는 대화법을 익히기 위한 이 기분 조절법에 대해 자세히 설명하고자 한다.

POINT

- 말의 '표현'만 바꿔서는 대화가 잘 풀리지 않는다.
- 뛰어난 '논리'에 상대방의 마음이 움직이는 것은 아니다.
- 호감을 얻는 대화법에서 가장 중요한 것은 '기분 조절'이다.

Chapter

2

호감을
얻으려면
기분부터
바꿔라

하기 힘든 말을 하지 못하고 끝내는 기분이어서는 안 된다. 하기 힘든 말을 확실히 전하고 호감을 얻겠다는 기분을 목적으로 삼아야 한다. 그런 기분을 발산할 수 있다면, 당신이 하고 싶은 말이나 해야 할 말을 상대방에게 순조롭게 전할 수 있을 것이다.

'기분'이란
눈에 보이지 않는 힘이다

앞서 호감을 얻는 대화법에서는 '기분'이 중요하다고 설명했다. 기분이라고 하면 왠지 마음이 들뜨는 것 같고, 뭔가 애매하게 느껴질 수도 있다. 특히 비즈니스 관계에서는 기분에 초점을 맞추는 일 자체가 드물다.

기분에 대해 깊이 이해하기 위해서 먼저 '기[氣]'라는 말의 사용법부터 확인하자.

그런 다음 기분이 대화와 어떻게 연관되어 있는지, 하기 힘든 말을 편하게 하려면 기분을 어떻게 다루어야 하는지에 대해 설명하고자 한다.

일본어로 '기[氣]'는 우주 전체, 온 세계에 가득 차 있는 활력(힘)을 뜻한다. 예를 들어, 일본어로 '날씨[天氣]'라는 단어는 하늘의 기, 즉 천공이 지닌 힘의 상태라는 의미다. 맑거나 흐리거나 비가 온다는 것은 천공이 지닌 힘 상태의 변화라고 파악한다.

그 사람은 활기차다는 표현은 그 사람에게 생명이 지니는 원래의 힘과 활력이 있을 때 사용한다. 사람의 성격 등을 나타낼 때 사용하는 '기질'이라는 단어는 그 사람이 지닌 힘의 질을 나타낸다.

우리는 저마다 세상에 골고루 가득 차 있는 기를 나눠 가진다. 그리고 자신의 몸에 흐르는 기운을 자각했을 때 그것을 '기분'으로 인식한다. 생기발랄하고 상쾌한 느낌이 들면 기분이 좋다고 한다. 반대로 현기증이 나거나 통증을 느끼면 기분이 나쁘다고 표현한다. 이는 체내의 감각이 '기=힘' 상태임을 염두하고 드러낸 표현이다. 기분과 관련된 다음과 같은 말들도 마찬가지다.

- 의욕이 있다(매사에 임하는 힘이 넘쳐흐른다).
- 그럴 마음이 없다(어느 특정한 행동에 대해 힘이 솟아나지 않는다).
- 신경을 쓰다(주위 사람들에게 온갖 배려를 하기 위해 힘을 쓰다).
- 신경을 곤두세우다(주의 깊게 주변을 감지하기 위해 힘을 쓰다).

또한 몸의 내적인 상태가 아니더라도 시각이나 청각, 후각, 미각, 촉각 등 오감의 만족을 느낄 때 기분이 좋다고 표현한다. 반대로 추악한 것을 본다거나, 위화감을 느낄 만한 소리를 듣거나 냄새를 맡을 때는 기분이 나쁘다고 한다. 우리는 사회적 인간관계에 대해서도 '기분 좋은 관계' 또는 '기분 나쁜 관계'라는 식의 표현을 쓰기도 한다.

최근 뇌 과학에서는 육체적인 고통(타박이나 칼에 베인 상처 등)이나 사회적인 고통(왕따, 고독, 집단 괴롭힘 등)도 그것을 느끼는 뇌 부위가 똑같다는 사실이 밝혀졌다. 따라서 우리는 체내의 감각을 느낄 때나 오감을 느낄 때, 그리고 인간관계를 평할 때 서로 다른 상황에서 똑같이 기분이 좋다, 기분이 나쁘다고 표현하는 것일 수 있다.

일본에서는 뇌 과학에 관한 지식 등이 없었던 오래전부터 눈에 보이지 않는 힘을 '기'라고 불렀다.

상대방과 대화하는
목적은 무엇일까

'기분'에 대해서 조금 감이 잡혔는가?

그렇다면 '기분'은 대화와 어떤 관계가 있을까? 친구와 여행 계획을 짜거나 가족회의, 거래 상담, 사내 미팅 등 사람과 사람 사이에서 주고받게 되는 것이 바로 '대화'다. 이런 대화의 목적은 무엇일까?

고객과의 거래 상담에서 당신 회사의 서비스를 제안하는 경우를 예로 들어 보자. 당신 회사의 서비스를 제안하는 것이 목적이라면, 제안하는 것으로 바로 목적이 달성될 것이다.

하지만 그럴 리가 없다. 제안한 것만으로는 돈을 받을 수가 없다. 제안이 채택되어야 한다.

그렇다면 제안이 채택되기만 하면 되는 것일까? 아니다. 다음 과정이 기다리고 있다. 사양을 정해서 서비스를 도입해야 한다.

그것으로 목적이 달성될까? 서비스 도입의 상위 목적에 매출 현황과 대금 회수, 고객의 업무 효율 개선이라는 항목이 기다리고 있다.

이를 다 충족하면 목적이 달성될까? 어느 정도의 목적을 달성했다고 할 수 있을지 모른다. 하지만 더 높은 상위 목적이 또 기다리고 있다. 매출 증가나 고객 만족도 향상……

당신 회사의 기업 이념을 실현하는 것이 최상위 목적이라고 할 수 있을지도 모른다.

다른 예로, 전자 제품 매장에서 직원이 고객에게 상품 설명을 해 준다고 할 때 이 대화의 목적은 무엇일까? 직원 입장에서는 상품에 대해 잘 설명해 주고, 고객의 구매를 이끄는 것이 목적일 수 있다.

하지만 고객 입장에서는 상품 구매 검토가 목적이라고 할 수 있다. 또는 상품을 구매해서 생활의 질을 높이고 싶다거나 업무용으로 구매해 업무를 개선하고 싶다는 것도 목적이 될 수 있다.

대화가 일으키는
다섯 가지 변화

대화에는 매번 특정한 목적이 있다. 또 어떤 목적이든 그 상위 목적이 존재한다. 대화의 목적은 상황에 따라 달라진다고 해도 공통점은 바로 '변화를 일으키기 위함'이라는 것이다. 대화를 나눔으로써 어떠한 변화를 일으키는 것, 대부분 경우는 이것이 목적이다.

변화 전의 상태가 있고, 변화 후의 상태가 있을 것이다. 이 '상태의 변화'는 다음의 다섯 가지 요소로 나누어진다.

1. 감정의 변화

대화를 통해서 감정에 변화가 생긴다. 고객의 클레임에 대응하며 정성스럽게 설명하다 보면 분노의 감정이 진정되는 경우도 있고, 반대로 어떤 한마디가 고객을 더욱 화나게 하는 경우도 있다.

아무에게도 말할 수 없는 고민이 있는 사람이 처음으로 상담사에게 속마음을 털어놓고는 무거운 짐을 벗은 듯한 해방감을 느끼기도 한다. 내가 운영하는 '꿈 실현 응원 코칭' 프로그램에서도 고객으로 하여금 지금까지 생각해 본 적이 없었던 꿈을 구체적으로 그리게 하면 어떻게 해서라도 실현하고 싶다는 강한 감정이 그의 마음에서 터져 나온다.

반대로 누군가에게 무시를 당하면 분노의 감정이 솟아오를 것이고, 부정적인 말을 들으면 슬퍼지는 경우도 있을 것이다.

이렇듯 감정 변화를 일으키는 것은 대화의 목적 가운데 하나다.

2. 사고의 변화

대화는 정보의 교환이기도 하다. 정보가 추가되거나 정정되면 우리의 사고는 변화한다.

한 고객이 A라는 제품이 고장 나서 서비스 센터에 전화를 걸었다고 하자. 그 고객은 제품 A를 결함 제품이라고 비난했다.

서비스 센터 담당자는 어떻게 제품을 이용했는지 확인한 후 원래 제품의 내구성과 품질 기준, 품질 관리 체제에 관해 설명하며 이번의 경우 고객의 사용 방법에 잘못이 있었다고 정중하게 말했다.

그 고객은 확실히 제품 A를 다른 용도로 쓰려고 했던 것을 인정하고, 자신에게 잘못이 있다는 것을 이해한다. 일부러 고장 낸 것은 아니지만 자신의 책임이기 때문에 어쩔 수 없다고 수긍했다면, 제품 A는 결함 상품이라는 억측은 수정된다. 이 경우 사고의 내용이 변화했다고 할 수 있다.

대화는 정보의 교환이라는 측면이 있으며, 이 점에서 사고의 변화도 대화의 목적 가운데 하나라고 할 수 있다.

3. 행동의 변화

대화로 사고가 변화하면 판단과 행동도 달라진다.

현실을 움직이려면 행동을 변화시켜야 한다. 모든 대화는 적어도 결과적으로 상대방의 행동을 변화시킨다. 그 변화가 진심인지 아닌지의 차이는 있다 해도 말이다. 대부분의 비즈니스 미팅은 행동의 변화를 목적으로 한다.

꿈 실현 응원 코칭 프로그램을 시작한 고객이 이렇게 말한 적이 있다.

"지금까지 심리 상담이나 힐링 세션을 받은 적이 있는데, 그 자리에서만 기분이 좋아지거나 마음이 편해졌을 뿐이지 일상생활로 돌아가면 아무것도 달라지지 않은 경우가 허다했습니다. 하지만 꿈 실현 응원 코칭은 구체적으로 어떠한 행동을 하는 것을 결정하는 프로그램이라 괜찮은 것 같아요. 깨달음을 구체적인 행동으로 바꿀 수 있다는 점이 매우 좋습니다."

아무리 좋은 아이디어라도 실제로 실행해 보지 않으면 현실은 달라지지 않는다. 행동은 사고를 현실로 바꾸기 위한 유일한 방법이다.

현실을 변화시키고 싶다면, 대화의 주안점을 서로의 행동 변화에 두어야 한다.

4. 관계의 변화

이름도 모르는 이웃이었지만, 매일 아침 인사를 나누다 허물없이 지내는 사이가 되는 경우가 있다.

이처럼 인사만으로도 변화가 생기는데, 대화를 나누면 이후의 관계가 더욱 크게 변화하기 마련이다. 처음 만난 사람이라도 인사하고 대화를 나누다 보면, 낯선 관계에서 인사를 나눈 관계로 변한다. 대화를 거듭함에 따라 거리가 줄어들고, 결국 뭐든지 말할 수 있는 관계가 되는 경우도 있다. 비즈니스에서는 좀 더 협력할 수 있는 관계를 구축하기 위해 미팅을 거듭하기도 한다.

나는 미얀마에 자주 가는데, 츠케멘(면을 국물에 찍어 먹는 일본의 국수 요리-역주) 가게에서 일하는 미얀마 분과 대화를 나누게 되었다. 나는 날마다 츠케멘을 먹으며 조금씩 미얀마어와 미얀마에 대해 배웠다. 사이가 좋아지면서 그들은 나에게 미얀마인 친구를 소개해 주었고, 그러면서 인맥이 줄줄이

넓어졌다.

지금은 일본이나 미얀마에도 많은 친구가 있다. 대화가 일으킨 관계의 변화다. 대화 덕분에 서로의 관계에 크고 작은 변화가 생긴다.

대화 상대와의 관계에 어떤 변화를 일으키고 싶다는 것 또한 대화의 목적 가운데 하나다.

5. 기분의 변화

앞에서 말했듯이 대화 이후에는 '감정', '사고', '행동', '관계'에 어떤 변화가 일어난다.

이 요소들이 우리의 힘, 즉 '기'의 상태에 변화를 일으키는데 그것이 바로 기분 변화다. 감정이나 사고, 행동, 관계가 달라지면 침울했던 사람이 활기를 되찾기도 하고, 생기 넘쳤던 사람이 풀이 죽기도 한다.

예를 들어, 실적 면담에서 상사와 부하 직원이 이야기했다고 하자. 부하 직원은 이번에 열심히 일했으니 성과급을 많이 받을 수 있지 않을까 생각했다고 하자. 그런데 상사는 이번 분기 회사 전체 실적이 부진해서 하향된 성과급 수준이 개인 실적에도 반영된다는 사실을 알린다.

"자네가 열심히 일한 것은 알고 있네. 그래서 점수는 이렇게 높지. 하지만 회사 전체의 실적 계수를 곱하면 이 금액이야."

부하 직원은 기대에 어긋난 그 숫자를 보고 실망하게 되고, 결과적으로 기분이 가라앉는다. 이런 상황은 흔할 것이다. 극단적인 사례일 수도 있지만, 모든 대화에서 그 대화 이후에는 기분 변화가 나타나기 마련이다.

대화를 나누면 모든 요소에 변화가 일어나고, 결과적으로 그 요소들이 합쳐져 상대방과 자신에게 기분 변화가 생기는 것이다.

종합적인 기분의 변화를 일으키는 것, 이는 대화의 큰 목적이라고 할 수 있다.

당당하게 말하고
호감을 얻겠다는 기분으로

대화의 목적은 '감정', '사고', '행동', '관계'에 변화를 일으키는 것이라고 설명했다. 그 변화들은 하나로 합쳐져 '기분'의 변화로도 느낄 수 있다. 결국 어떤 기분의 변화를 일으키고 싶은지가 대화의 목적이라고 할 수도 있다.

그런데 기분도 감정, 사고, 행동, 관계에 영향을 준다.

기분이 가라앉은 상태이거나 불안정하고 변덕스러우면, 다른 네 가지 요소가 나빠지거나 불안정해진다. 반대로 기분을 잘 조절하면, 다른 네 가지 요소에 좋은 변화를 일으킬 수 있다. 즉, 기분을 바꾸면 대화의 질을 바꿀 수 있다.

하기 힘든 말을 하지 못하고 끝내는 기분이어서는 안 된다. 그러다 보면 분위기가 어색해지고, 상대방으로부터 호감을 얻을 수 없다.

하기 힘든 말을 확실히 전하고 호감을 얻겠다는 기분을 목적으로 삼아야 한다.

그런 기분을 발산할 수 있다면, 당신이 하고 싶은 말이나 해야 할 말을 상대방에게 순조롭게 전할 수 있을 것이다.

POINT

- 대화의 목적은 '변화를 일으키는 것'이다.
- 대화로 변화시키는 다섯 가지 요소 중에서 특히 중요한 것은 '기분'이다.
- 기분을 바꾸면 대화의 질을 높일 수 있다.

Chapter

3

좋은 기분을
어떻게
전할 것인가

기분을 확인하고 그것을 표현하는 표정이나 동작이 갖추어졌다면, 이제
그 기분에 말을 덧붙여 보자. 밝은 기분에 덧붙인 "안녕하세요."와 어두
운 기분에 덧붙인 "안녕하세요."는 같은 말이라도 인상이 완전히 달라
진다.

기분을 활용하려면
세 단계를 기억하라

기분을 잘 활용하면, 누구나 대화를 성공적으로 이끌 수 있다. 기분을 활용하는 데에는 다음의 세 가지 단계가 있다. 이 세 단계는 익숙해지면 누구든지 순식간에 할 수 있다. 익숙해질 때까지 늘 머릿속에 떠올리며 반복 훈련을 해 보자.

STEP 3 : 기분에 '말'을 덧붙인다.

STEP 2 : 기분을 '표정'이나 '동작'으로 표현한다.

STEP 1 : 자신이 원하는 기분을 찾는다.

먼저 자신이 원하는
기분을 찾아라

마음이 풍요로워지는 대화를 나누고 싶다면, 먼저 대화의 목적과 기분을 확인하는 것부터 시작하자.

대화를 끝냈을 때 어떤 변화를 일으키고 싶은가? 무엇을 위해 대화하는 것인가? 또 그것은 어떤 기분을 느끼기 위함 인가?

그 목적은 앞서 언급한 다섯 가지 요소, 즉 감정, 사고, 행동, 관계, 기분을 확인하면 구체적인 모습이 나타난다.

- 어떤 감정을 느끼고 싶은가?
- 어떤 사고를 하고 싶은가?
- 어떤 행동을 재촉하고 싶은가?
- 어떤 관계를 구축하고 싶은가?
- 어떤 기분을 느끼고 싶은가?

부모 입장에서 아이에게 숙제하라고 말하고 싶을 때를 예로 들어 보자. 전에는 아이를 보자마자 "숙제 다 했니?", "빨리 숙제해!"라고 말했을지 모른다. 이 부분에서 잠깐 호흡을 가다듬고, 지금부터 하고 싶은 말의 목적이 무엇인지 생각해 보자.

'숙제하고 학교에서 배운 내용을 제대로 익혔으면 좋겠다. 그 이유는 내 아이가 장래에 자율적이고 스스로 생각할 수 있는 어른이 되기를 바라기 때문이다. 그래서 일단은 매일매일 숙제를 열심히 했으면 좋겠다.'

이렇게 생각한다면 그 목적은 무엇일까? '스스로 공부하는 아이의 자세와 성장 실현.' 이런 식으로 말할 수 있을 것이다.

대화의 목적을 이것으로 설정하고 대화가 끝난 후 감정, 사고, 행동, 관계, 기분이 어떻게 변화할지 생각해 보자.

	부모	아이
감정	안심	두근두근
사고	이해했다.	숙제하고 싶다!
행동	자기 일을 한다.	당장 숙제를 시작한다.
관계	부모와 아이의 믿음이 조금 강화된다.	
기분	즐겁다.	

이렇게 다섯 가지 요소를 상상하면, 대화의 목표가 구체적으로 나타난다. 다섯 가지 요소는 서로 관계가 있으므로 기분을 결정할 때 다른 네 가지 요소를 보면 기분의 타당성을 확인할 수 있다.

이 사례의 경우 기분 상태가 즐겁다는 것을 알 수 있다.

기분을 찾았다면 다음 단계로 넘어가자.

'표정'과 '동작'으로
기분을 나타내라

목적을 확인하고 대화 후에 느끼고 싶은 기분을 찾았다. 이번에는 그 기분을 느낀 후의 감정이나 사고를 표정과 동작 (자세와 움직임)으로 나타내 보자.

감정은 의식하지 않아도 표현되는 경우가 있다. 이를테면 기분이 나쁠 때 나도 모르게 뾰로통한 표정을 지어 상대방으로부터 "표정이 좋지 않네."라는 말을 들은 적이 있지 않은가?

이럴 때는 기분이 감정을 만들어 내서 그것이 표정에 나타난 경우다.

사고도 얼굴에 나타난다. 상사는 지시 후 부하 직원의 표정을 살피며 이렇게 생각하는 경우가 있다.

'아, 제대로 안 하겠구나.'

입으로는 "즉시 하겠습니다."라고 말하지만, 부하 직원의 표정에서 '하고 싶지 않아.', '귀찮아. 나중에 해야지.' 등의 사고를 간파할 수 있다.

이처럼 감정과 사고가 하나로 합쳐져 파악하기 쉬운 기분으로 저절로 표현되기도 한다. 하지만 항상 기분이 상대방에게 전해진다고 할 수는 없다. 따라서 대화할 때는 의식해서 기분을 표현하는 것이 중요하다.

앞서 확인한 대화 후에 느끼고 싶은 기분을 표현하도록 하자.

대화하기 전부터 대화 후의 기분을 표현하는 이유는 그렇게 해야 실제로 그 기분에 쉽게 도달할 수 있기 때문이다.

부하 직원을 야단치며 닦달하고 몰아세우는 상사 입장을 생각해 보자. 처음부터 상사의 기분은 '분노 모드' 또는 '협박 모드'였을 것이다. 그 기분 쪽으로 대화가 진행되어 부하 직원을 호되게 혼낸 후에도 상사는 화가 쉽게 안 풀릴 것이다.

대화를 통해 부하 직원과 자신 모두 긍정적인 기분이 되기를 바란다면, 처음부터 이상적인 기분을 드러내야 한다.

앞서 예로 든, 아이에게 숙제를 시키고 싶은 상황을 다시 떠올려 보자.

즐겁다는 기분을 설정한 후 즐거운 표정이나 동작이 무엇인지 생각해 보자. 실제로 즐거울 만한 사실이 전혀 없어도 평소 즐거울 때 어떤 표정을 짓는지 떠올려 보기 바란다.

아마 표정은 웃는 얼굴이 될 것이다. 싱글벙글, 경우에 따라서는 히죽히죽 웃을지도 모른다. 들뜬 얼굴일 때도 있을 것이다. 아무튼 즐거울 때의 얼굴을 만들어 보자.

얼굴이 정해지면 그다음으로 동작은 어떻게 취할지 생각해 보자. 즐겁다고 느낄 때 어떤 동작을 하면 그 즐거움을 표현할 수 있을까?

깍지를 낀 손을 가슴 앞에서 흔들거나, 으쓱거리며 어깨의 긴장을 풀거나, 손뼉을 치면 그 즐거움을 표현할 수 있을까. 양손을 벌려서 받아들이는 동작은 어떤가. 큰 동작에 한정되지 않아도 좋다. 손가락을 튕겨서 소리를 내거나, 벌떡 일어나거나, 주먹을 번쩍 올릴 수도 있을 것이다. 즐거움을 표현하는 동작이라면 뭐든지 좋다.

덧붙인 기분에 따라
'말의 인상'이 달라진다

기분을 확인하고 그것을 표현하는 표정이나 동작이 갖추어졌다면 이제 그 기분에 말을 덧붙여 보자. 밝은 기분에 덧붙인 "안녕하세요."와 어두운 기분에 덧붙인 "안녕하세요."는 같은 말이라도 인상이 완전히 달라진다. 대화에서 순수하게 의미만을 전하는 단어는 없다. 반드시 '기(힘)×말'이라는 곱셈, 또는 세트로 전해진다.

기(힘)가 활발하고 크면, 사소한 말에도 강렬한 메시지가 담긴다. 반대로 기(힘)가 작으면, 아무리 아름다운 말로 장황하게 말해도 약한 메시지만 전해질 것이다. 기(힘)는 대화에서 가장 먼저 전해진다.

다시 아이에게 숙제하도록 하는 부모의 입장이 되어 보자. 즐거운 기분을 동작으로 표현하려고 생각한 부모라면, 싱글벙글 웃으며 춤을 출지도 모른다. 춤까지는 아니더라도 경쾌한 발걸음으로 아이에게 다가가 "오늘 숙제 있었니?"라고 신바람이 난 것처럼 웃으며 물을 것이다.

대사는 원래 생각한 것과 크게 달라지지 않는다. 아무것도 생각하지 않고 묻는다면, 미간을 찡그리며 물을 것이다. 왜 빨리 숙제하지 않는지 이해할 수 없다는 불신감을 전하며 "오늘 숙제 있었니?"라고 물어볼지도 모른다. 하지만 앞의 두 단계를 거친 말은 인상이 전혀 다르다.

싱글벙글 춤추는 듯한 발걸음으로 "오늘 숙제 있었니?" 하고 물으면 즐거운 기분이 전해지므로 아이 입장에서는 '숙제' 자체를 즐거운 것으로 느낄 수 있다. 즉, '괴로운 숙제'가 아니라 '즐거운 숙제'로 인상이 달라진다는 것이다. 이런 말을 들은 아이는 긍정적인 기분으로 그에 대한 대답을 할 것이다.

반대로 부모가 다그치듯 물어보면, 아이는 자신이 나쁜 짓을 한 것이 아닐까 하는 기분을 느끼게 된다.

이렇게 기(힘)와 곱해진다는 것을 전제로 알기 쉬운 말과 긍정적인 표현 등을 생각해 내는 것이 마음이 풍요로워지는 대화를 시작하는 요령이다.

목적을 고려해 기분을 선택한다. 그런 다음 기분을 표정과 동작으로 나타낸 후 말을 꺼내면 되는 것이다. 익숙해지면 누구든지 순식간에 할 수 있다.

POINT

- 먼저 대화가 끝난 후 어떤 기분이 되고 싶은지를 생각한다.
- 자신이 원하는 기분을 표정과 동작으로 드러낸다.
- 어떤 기분에 곱해지느냐에 따라 같은 말이라도 전해지는 인상이 크게 달라진다.

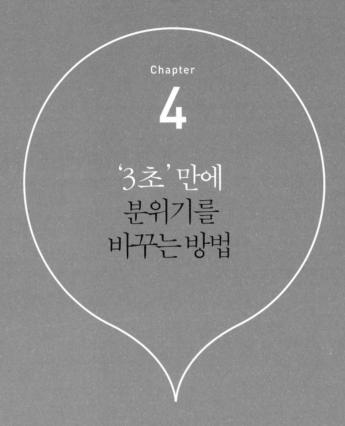

'3초'만에
분위기를
바꾸는 방법

대화는 늘 변화한다. 좋은 분위기로 시작된 대화가 어떤 한마디를 계기로 험악해질 수도 있다. 그럴 때라도 당황하지 말자. 대화의 목적과 기분을 확인하고 표정, 동작을 달리한 뒤 말하면 얼마든지 흐름을 바꿀 수 있다.

대화의 성공은
'처음 분위기'에 달려 있다

험악한 분위기에서 대화가 시작되면, 마지막까지 그 분위기가 지속될 가능성이 있다. 모처럼 좋은 관계를 맺고 싶어서 이야기를 잘 풀려 해도 분위기를 바꾸는 것이 쉽지 않다.

처음이 중요한 것은 비단 대화뿐만이 아니다. 무술에서도 똑같은 말을 한다. 한칼에 베이면 나중은 없다. 진검 승부는 마주치는 순간 모든 것이 결정된다.

한 예로 사쓰마[薩摩] 지겐류[示現流] 검술에 전승되는 격언이 있다. "첫 칼에 모든 것을 걸고, 두 번째 칼은 졌다고 생각하라." 처음 3초 안에 목숨을 구할지 잃을지 결말이 나기 때문에 생긴 말일 것이다.

물론 대화는 목숨을 걸고 하는 것이 아니지만, 그래도 '기=힘'의 교환이다. 자칫 잘못하면 일촉즉발의 사태가 될지도 모른다. 멍하니 목적 없이 이야기하면 호된 꼴을 당한다.

자신의 마음을 솔직하게 전하고 상대방의 이해를 얻고 싶다면, 그 대화에는 당신만의 목적의식이 있어야 한다.

이 책의 주제는 '뻔뻔하게 말해도 상대방의 마음을 얻는 것'이다.

그렇다면 대화에서는 대립보다 협력 관계를 만들어야 한다. 당장에라도 싸울 듯이 덤비는 관계나 험악한 분위기를 조성하면 안 된다. 대립적인 분위기가 생기면 그 순간부터 서로를 경계하게 될 것이다.

예전에 근무했던 회사에 엄청나게 우수한 성적을 남기며 순조롭게 출세한 사람이 있었다. 늘 싱글벙글 웃으며 부하 직원을 배려해 모든 사람에게 호감을 얻은 부장이었다.

나는 본사 매입 부문에서 근무하고, 그 부장은 영업부에 있었을 때의 일이다. 어느 날, 부장이 영업 회의 때문에 본사를 찾았다. 그때 나는 컴퓨터 앞에 앉아 일하고 있었는데, 갑자기 그가 다가오더니 내 어깨를 주물렀다.

"후지요시, 자네의 게시판 글 늘 잘 보고 있어. 매입처에 대해 즉시 확인할 수 있으니 좋더라고. 우리 영업부 직원들 모두가 자네를 칭찬하더군. 고맙네. 늦게까지 일하나? 아무래도 매입처 수가 늘어 관리가 힘들겠지."

그 당시 나는 사내 인터넷 게시판에 글을 올릴 때마다 나만의 아이디어를 발휘해 매입처에 관한 한마디 메모를 첨부하곤 했다. 평소 그것을 체크하고 유용하다고 칭찬해 주니, 당연히 기분이 좋을 수밖에 없었다.

부장은 내 직속 상사가 돌아오자 "지난번 안건은 고마웠습니다. 정말로 도움이 되었어요. 오늘 부탁 하나가 있어서 왔는데요……."라며 웃는 얼굴로 상사에게 다가갔다.

며칠 후 그 부장에게서 전화가 걸려 왔다. 신규 안건이 나와 급하게 매입처 등록을 진행해 달라는 의뢰였다. 다른 급한 일이 있었지만, 나는 그 부장의 일을 우선적으로 처리해 주었다.

얼마 전 그와의 대화가 없었다면, 아마 평소처럼 순서대로 대응하지 않았을까?

말보다 기분을 바꿔야
훨씬 효과적이다

'상대방의 기분이 안 좋을 경우도 있다.'

당연하다. 그래서 처음에 그 자리의 분위기를 바꾸는 기술이 필요하다.

상대방과 적대 관계가 아니라 협력 관계를 맺어야 한다. 이때 필요한 것이 바로 자신의 기분 조절법이다. 당신이 기분을 바꾸면, 그 기분이 상대방에게 전해진다.

내가 영업소에 근무할 때의 일이다. 당시 과장과 내가 담당하는 상품 수급에 대해 대화해야 했다. 과장은 하루의 마감 시간에는 업무를 대량으로 처리해야 해서 신경이 날카로 웠다.

그럴 때는 말을 걸지 않는 것이 상책인데, 급한 일이 있는 경우에는 어쩔 수 없이 과장에게 말을 걸어야 했다.

주뼛주뼛 다가가 조심스레 말을 거는 방법도 있을 것이 다. 진지한 상대방 기분에 맞추어 본인도 진지한 태도를 취하며……. 즉, 감정 수준을 그대로 맞추고 감정 교류를 도모하는 방법이다.

하지만 A 선배는 달랐다. 어느 날, 과장이 진지한 얼굴로 입력 작업에 집중하고 있었다. 그런데도 선배는 만면에 웃음을 띠며 서슴없이 과장 옆에 다가가는 것이 아닌가. 그 모습에는 지금 당장에라도 뭔가를 전하고 싶다는 마음이 넘쳐흘렀다.

"과장님, 과장님! 거기 아세요? 역 반대쪽 출구에 있는 라면집!"

과장 옆까지 다가가서 무슨 이야기를 하나 했더니 과장이 좋아하는 라면집에 관한 이야기였다. 선배는 즐거운 듯이 밝은 얼굴로 맛있는 라면에 대해 말하기 시작했다.

"오, 그래? 그 가게는 몰랐어!"

과장은 입력 속도를 늦추며 그 선배의 이야기를 듣고 잡담 모드에 들어갔다.

선배는 한바탕 잡담하다가 "그런데⋯⋯."라며 원래의 용건을 말하기 시작했다.

"뭐야, 지금 바쁜데⋯⋯. 음, 알았어. 해 놓을게!"

그것으로 끝이었다.

나는 '지금은 말을 걸면 안 되겠지.' 하고 타이밍을 재고 있었는데, 그 선배는 과장의 사정은 전혀 상관없다는 듯이 용건을 의뢰한 것이다.

만약에 상대방의 사고를 바꾸려고 말을 사용했다면 어땠을까?

설득하는 데 시간이 걸린다. 급한 부탁인데도 논리적으로 상대방을 이해시키려 노력해야 할 것이다. 상대방이 경계하면 어떤 논리도 받아들이지 않을 가능성이 있다. 논리적으로 이해했다고 해도 감정적으로는 전혀 받아들이지 않는 경우도 있다.

반대로 기분 자체가 친화적이고, 서로 협력적인 분위기가 만들어지면 어떨까. 약간 비논리적인 일이라도 '뭐, 어쩔 수 없지.' 하는 마음으로 이해할 수도 있다. 좋은 분위기로 말미암아 관계가 더욱 친밀해지기도 한다.

말을 걸 타이밍을 찾거나 '말투'를 생각하는 것도 좋지만, 처음 3초 안에 상대방의 기분을 단숨에 바꾸고 긍정적인 대화를 이끌어 가는 방법을 권하고 싶다.

'3초'안에
대화 분위기를 바꾸려면

    대화를 시작한 지 3초 안에 기분을 바꾸기 위해 할 수 있는 일은 앞서 말했듯이 표정과 동작을 바꾸는 것이다. 표정과 동작은 순식간에 바꿀 수 있다.

    무표정한 얼굴을 웃는 얼굴로 바꾸는 데는 1초도 안 걸린다. 앉은 자리에서 일어나거나 손을 드는 등 단순한 동작도 1초면 충분하다.

    세 단계에 익숙해지면 목적을 1초 안에 생각하고, 표정을 만들고, 동작을 고치기까지 단 3초면 가능하다.

갑자기 상사가 찾아와 잠깐 미팅 좀 하자고 하는 경우를 떠올려 보자.

당신은 다른 작업을 하고 있었는데, 상사의 명령이 떨어졌으니 일단 미팅을 하게 되었다. 그렇다면 이 미팅의 목적에 대해 순식간에 생각해 보자.

무슨 말이 나올지 알 수 없는 상황이라면 일단 '좀 더 실적을 올리도록 하자.', '좀 더 업무 평가가 높아지게 하자.', '좀 더 효율적으로 일할 수 있는 분위기를 만들자.' 등 긍정적인 아무 목적이나 떠올리자.

이렇게 목적을 정했다면, 미팅 후에 어떤 기분이 되고 싶은지 생각하는 것이다. 생각나지 않으면 우선 '즐거운 기분'을 만들도록 하자.

자신이 원하는 기분을 알면, 그 기분을 위한 표정과 동작을 만들어서 대답한다. 웃는 얼굴을 만들고 몸의 긴장을 푼다. 이 일을 3초 안에 하는 것이다. 돌발적인 대화라면 미리 세트를 만들어 놓는 것도 방법이다.

- (어떤 화제든지) 대화의 목적은?

  → 행복

- 그 목적을 위해 대화 후 어떤 기분이 되고 싶은가?

  → 두근두근 설레는 마음

- 이 기분을 표현하는 표정과 동작은?

  → 웃는 얼굴로 긴장 풀기

이런 식으로 '행복', '두근두근 설레는 마음', '웃는 얼굴로 긴장 풀기'를 세트로 만들어 놓고, 언제든지 그 모드로 들어가는 방법도 있다.

부정적인 대화의 흐름을
어떻게 바꿀까

대화는 늘 변화한다. 좋은 분위기로 시작된 대화가 어떤 한마디를 계기로 험악해질 수도 있다. 그럴 때라도 당황하지 말자. 대화의 목적과 기분을 확인하고 표정, 동작을 달리한 뒤 말하면 얼마든지 흐름을 바꿀 수 있다.

대화할 때 망설임과 고민이 생기면, 숨을 한번 쉬고 목적에 대해 생각해 보자. 목적이 떠올랐다면, 그 목적보다 더 상위에 자리한 목적을 생각해 보자.

결국 자신과 상대방의 기분이 좋아지고 행복해지는 것을

최종적인 목적으로 삼아야 한다.

그리고 기분을 전환해 대화의 흐름이 그 목적으로 향하도록 이끌어 보자.

여러분이 3초 안에 기분을 전환할 수 있게 되면, 대화뿐 아니라 인생을 최고의 기분으로 보낼 수 있을 것이다.

POINT

- 대화를 시작하는 분위기가 대립적이면 어떤 말을 써도 잘되지 않는다.

- 3초 안에 표정, 동작, 기분을 바꾸고 상대방과의 사이에 협조적인 분위기를 만들어야 한다.

- '행복', '두근두근 설레는 마음', '웃는 얼굴로 긴장 풀기' 세트를 활용해 보자.

표정을 바꾸면
감정도
달라진다

사람은 다양하게 얼굴을 조작한다. 예쁘다거나 추하다는 등 제멋대로 말하는데, 어떤 얼굴을 가진 사람이든지 웃는 얼굴은 멋지다. 보는 사람의 마음을 따뜻하거나 밝게 해서 즐거운 기분을 만들어 준다. 웃는 얼굴이 되면 모두가 아름답게 빛난다.

내가 원하는 기분을
'표정'에 담아라

대화를 나눌 때는 먼저 자신이 원하는 기분을 찾는다. 그
런 후 그 기분을 느끼고 감정과 사고를 찾는다. 그런 다음 그
감정이나 사고를 표정과 동작으로 나타낸다. 그러고는 기분
과 말을 곱한다. 지금까지 설명한 내용이다.

원래 우리는 표정과 동작으로 감정과 사고를 표현한다.
우리 뇌는 표정과 동작을 감지해서 감정이나 사고를 파악한
다. 슬프지 않아도 우는 표정을 지으면 어쩐지 슬픈 기분이
들고, 억지로라도 웃으면 어쩐지 기분이 즐거워진다. 즉, 뇌

는 표정과 동작을 통해 감정이나 사고를 착각하는 것이다.

그러므로 기분을 직접 손대지 못하더라도 표정과 동작을 바꾸면 감정과 사고를 변화시켜서 결과적으로 기분도 바꿀 수 있다.

호감을 얻는 대화법에서 기분을 바꾸고, 그 기분을 표현해 상대방에게 전할 때 중요한 역할을 담당하는 것이 바로 표정이다. 지금부터 표정에 대해 자세히 살펴보자.

'얼굴'은 우리의 감정을
낱낱이 표현한다

신체의 각 기관은 여러 용도로 쓰인다.

먼저 입을 예로 들어 보자. 입은 음식을 먹기 위한 기관인 동시에 숨을 쉬거나 말하기 위한 기관이기도 하다. 입으로는 휘파람을 불 수도 있고 키스도 할 수 있다. 노래를 부르기 위한 발성 기관이기도 하고, 이른바 보이스 퍼커션(또는 휴먼 비트 박스)을 하는 사람에게는 타악기가 되기도 한다. 관악기를 연주할 때는 악기에 숨을 불어넣는 접점이다.

또한 입의 다양한 형태로 감정을 표현할 수도 있다. 입꼬리를 올리면 미소가 되고, 입을 크게 벌리면 놀라거나 웃는 표정이 되며, 입을 꼭 다물어 비틀면 고통스럽거나 슬픈 표정이 된다. 입을 오므려서 빼물거나 볼을 부풀리면 불만이나 불복의 마음을 나타낸다. 일본 사람들보다 서양 사람들이 입 모양을 크게 변화시켜 감정을 표현하는 경향이 강하다.

눈도 단순히 보기만을 위한 기관이 아니다. "눈은 입만큼 말한다."라는 말도 있듯이 눈매 하나로 여러 가지 감정을 전할 수 있다. 눈을 크게 뜨거나 가늘게 뜨거나 시선을 외면하거나 위나 아래를 쳐다보거나 곁눈질하는 등 다양한 표정을 지을 수 있다.

'눈은 마음의 창'이라는 표현도 있다. 타인과의 커뮤니케이션에서 속마음을 보여 주거나 숨기기 위해서 여닫을 수 있는 창문과 같다는 의미다.

실제로 우리는 눈으로 대화하는 경우가 많다.

예전 회사 상사 중에 매우 인망이 두텁고, 늘 웃는 얼굴로 부하 직원을 잘 돌봐 주는 분이 있었다. 그분은 사소한 농담을 하고는 농담이라는 의미로 윙크를 했다.

최근에는 윙크를 하는 사람을 거의 볼 수 없지만, 의식하며 사용해 보면 의외로 편리하다.

코도 단순히 호흡하기 위한 기관이 아니다. 바깥 공기를 들이마실 때 온도 차를 완화하거나 공기 중의 먼지를 제거하는 필터 역할도 한다. 냄새를 맡아 구분하는 한편, 살짝 놀라거나 어이가 없을 때 콧방울을 부풀리거나 코에 주름이 가게 하면 혐오감을 표현할 수 있다.

이마 또한 표정을 지니고 있다. 미간을 찌푸려서 생기는 주름은 불안이나 혐오감을 나타내며, 가로로 생기는 주름은 놀람이나 웃음을 나타낸다.

이처럼 우리의 얼굴은 눈, 귀, 코, 이마, 뺨, 턱을 총동원해 감정을 표현한다.

슬픈 표정은
'뇌'도 슬프게 만든다

얼굴은 감정을 표현하는 동시에 감정을 확인하는 모니터 역할도 담당한다. 감정을 표시하고 확인하기 위한 장치라는 뜻이다.

컴퓨터에서 워드 프로세서를 사용하면 입력한 글자가 모니터에 순식간에 표시된다. 이용자는 이를 바로바로 확인하면서 글자를 입력할 수 있다.

30년 전쯤에 한창 쓰던 워드 프로세서 전용기는 10글자 정도를 표시하는 작은 액정 창이 달려 있을 뿐이었다. 그때는 일단 글자를 입력한 후 프린트해서 종이로 문장을 확인하곤 했다.

이제는 모니터가 있어서 화면상으로 확인하며 작업을 진행할 수 있게 되었다.

라이브 콘서트를 하는 뮤지션을 상상해 보자.

커다란 음량이 라이브 콘서트장을 감싼다. 각각의 악기 소리가 동시에 나는데, 만일 자신이 내는 소리를 확인하지 못한다면 어떻게 될까? 자신의 소리가 좋은지 나쁜지 수정해야 하는지 알 수 없게 될 것이다.

이때 필요한 것이 모니터 앰프다.

뮤지션들은 무대 위에서 자신의 목소리와 악기 소리를 확인하기 위해 모니터 앰프를 사용한다.

앰프란 앰플리파이어, 즉 증폭기다. 작은 소리를 증폭시켜서 크게 만드는데, 그것으로 소리를 확인할 수 있다.

얼굴 표정은 컴퓨터 모니터 화면이나 무대에서 사용하는 모니터 앰프처럼 우리 감정의 모니터 역할을 한다.

또한 표정은 감정을 드러냄으로써 자신으로 하여금 그 감정을 깨닫게 하는 역할도 한다.

감정 자체는 미세한 힘이지만, 안면의 표정근으로 증폭해 밖으로 나타난다. 이를 통해 우리는 자신의 감정을 확인할 수 있다.

슬픔을 느끼면 눈썹이 축 처져서 입술 양옆을 내리거나 고통을 느끼면 미간을 찌푸리며 콧방울에 주름이 생긴다. 이를 반복적으로 하게 되면, 우리의 뇌는 자신이 그 표정에 해당하는 감정을 지녔다고 인식하게 된다.

이른바 뇌가 표정에 속는 것이다. 슬픈 표정을 일부러 만들어도 근육(표정근)의 자극이 뇌에 전달되어 나는 지금 슬프다고 착각한다.

이렇게 우리는 감정을 기억하는 '감정 체험'과 그 감정을 표현하는 '감정 표현', 얼굴 모니터 기능을 통한 '감정 확인'의 순환 과정을 늘 겪고 있다.

일본에는 "웃으면 복이 온다.", "울어서 부은 얼굴을 벌이 쏘아 더 붓는다(엎친 데 덮친 격)."라는 속담이 있다. 이는 웃거나 우는 얼굴이라는 감정 표현에서 시작되어 감정 확인, 그리고 감정 체험이 강화되는 과정을 담고 있다. 이것은 외부 현실도 한층 더 끌어당긴다는 것을 나타내기도 한다.

먼저 표정을 바꾸면 '감정'도 달라지고, 그때부터 선순환 과정을 돌릴 수 있다.

웃는 얼굴과
긍정적인 기분의 선순환

한 가지 질문할 테니 이에 관해 생각해 보자. 순식간에 관계를 좋게 해서 심리적인 거리를 좁히고, 신뢰감을 높일 수 있는 것은 어떤 표정일까? 대답은 쉽게 찾았을 것이다.

그렇다. 바로 '웃는 얼굴'이다. 뭐니 뭐니 해도 웃는 얼굴이 최고다. 웃는 얼굴보다 더 편리한 표정은 없다.

사람은 다양하게 얼굴을 조작한다. 예쁘다거나 추하다는 등 제멋대로 말하는데, 어떤 얼굴을 가진 사람이든지 웃는 얼굴은 멋지다. 보는 사람의 마음을 따뜻하거나 밝게 해서 즐거운 기분을 만들어 준다. 웃는 얼굴이 되면 모두가 아름답게 빛난다.

흔히 미인이라고 불리는 사람은 웃지 않아도 아름다운 사람을 뜻한다. 자신은 미인이 아니라고 생각하는 사람이라도 웃는 얼굴을 하면, 자신이 지닌 최고의 미와 빛을 드러낼 수 있다.

사람의 얼굴은 이른바 웃는 얼굴 발생 장치다. '하고 싶은 말을 확실히 전해서 상대방을 이해시키고 싶다.' 이렇게 생각한다면 앞서 설명한 것처럼 협조 관계를 만드는 것이 중요하다. 이 협조 관계를 만들기 위해서 가장 필요한 표정이 바로 웃는 얼굴이다.

하지만 실제로는 끊임없이 웃는 사람이 있는가 하면, 이런저런 생각에 사로잡혀서 웃지 못하는 사람도 있다.

특히 하기 힘든 말을 해야 할 때일수록 오만상을 짓기 마련이다. 하기 힘든 말이 아니라도 고통스러운 표정을 짓는 것이 버릇이 되었다는 사람도 있다.

목적의식을 갖고 대화한다는 관점에서 보면, 호감을 얻고 싶은데 말하기 전부터 얼굴을 찌푸리고 있는 것은 역효과다.

예를 들어, 다음과 같은 순환을 만들어 낼 수 있을 것이다.

이렇듯 표정을 통해 행동의 선순환을 만들어 낼 수 있다.

대화에서 선순환을 일으키고 싶다면, 먼저 표정을 바꿔야 한다. 어떤 좋은 순환을 일으키고 싶은가에 따라 만드는 표정도 달라지는데, 이 책의 주제인 '뻔뻔하게 말해도 마음을 얻는 것'을 목표로 한다면 일단 웃는 얼굴을 만들자.

'싱글벙글' 웃는 얼굴을
만드는 방법

웃는 얼굴을 만드는 방법을 소개하겠다.

'피스 마크'라는 것이 있는데, 내가 어릴 때는 '스마일 마크'라고도 불렸다. 잘 보면 눈은 점이고 입만 호를 그렸다. 정말로 입꼬리가 올라간 얼굴이 되었다.

이것을 잘 보면 싱글벙글 웃는 느낌이 들지 않는다. 왜 그럴까? 이른바 '눈이 웃지 않는' 얼굴 그림이기 때문이다.

싱글벙글 웃는 얼굴 그림을 그려 보라고 하면, 눈과 입이 각각 호를 그리는 그림을 그리지 않을까?

웃는 얼굴을 만들 때는 입가를 올리라고 한다. 정말로 즐거운 기분이 전해지는 표정은 입가를 올릴 뿐만 아니라 광대뼈 주위의 근육도 높이 솟는다. 얼굴의 전면 근육을 위로 끌어올리는 듯한 느낌이다. 눈도 초승달 모양으로 가늘어져야 한다. 그리고 눈썹을 올리면 싱글벙글 웃는 눈이 완성된다.

눈 주위도 싱글벙글하지 않으면 웃는 기분이 들지 않는다.

거울을 보며 어떤 곳에 어떤 힘을 넣어야 표정이 달라지는지 연습해 보기 바란다. 기분 조절을 위한 첫걸음은 웃는 얼굴을 의식하며 만들 수 있을 정도가 되는 것이다.

POINT

- 억지로 슬픈 표정을 지어도 뇌는 지금 슬프다고 인식한다.
- 의식해서 웃는 얼굴을 만들면, 긍정적인 기분을 자유롭게 만들어 낼 수 있다.
- 웃는 얼굴을 만들 때는 입뿐만 아니라 뺨과 눈 주위도 신경을 써야 한다.

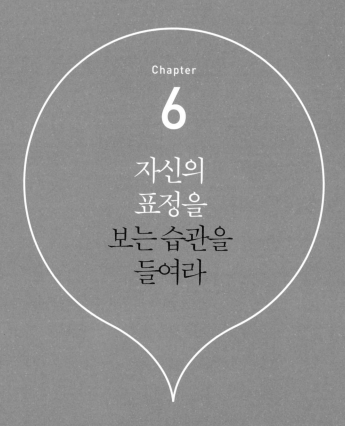

Chapter

6

자신의
표정을
보는 습관을
들여라

노래를 잘하는 사람은 자신의 목소리를 잘 듣는다. 자신이 내는 목소리
와 음정을 제대로 파악하기 때문에 그것을 미세 조정해 좋은 소리와 정
확한 음정을 유지할 수 있다. 표정 조절도 마찬가지다. 자신의 표정을
의식하다 보면, 표정을 미세 조정할 수 있게 된다.

표정도 '미세하게'
조정할 수 있다

기분을 의도적으로 바꾸고 싶다면, 표정을 자기 뜻대로 조절할 수 있어야 한다. 하지만 우리는 평소에 자신이 어떤 표정을 짓는지 거의 신경 쓰지 않는다. 그래서 생각대로 표정을 짓는 것에 익숙하지 않다.

'안색을 살핀다'는 표현이 있다. 이는 얼굴 표정을 통해 그 사람이 지금 어떤 기분이며 무엇을 느끼고 생각하는지 살핀다는 의미다. 의미를 확장해 다른 사람의 기분을 살피며 그 뜻에 따르듯이 행동하는 것도 '안색을 살핀다'고 한다. 우리는 다른 사람의 표정은 잘 살핀다. 하지만 자신의 표정에 대해서는 어떤가?

자신이 지금 어떤 표정을 짓고 있는지 늘 파악하는 사람은 적을 것이다. 아주 드물게 어느 순간 '내 얼굴이 빨개졌구나.' 하고 느낄 때도 있기는 하다. 자신의 얼굴이 보이지는 않지만, 얼굴이 달아오른 것이 느껴지기 때문에 경험적으로 빨개졌음을 알아채는 것이다. 하지만 실제로는 보이지 않으므로 자신이 어떤 얼굴을 하고 있는지 제대로 알 수 없다.

지금까지는 자신이 어떤 표정을 짓고 있는지 전혀 의식하지 않았다고 해도 문제없다. 오히려 그것이 일반적이기 때문이다. 하지만 앞으로는 자신의 표정을 파악해 보면 어떨까?

노래를 잘하는 사람은 자신의 목소리를 잘 듣는다. 자신이 내는 목소리와 음정을 제대로 파악하기 때문에 그것을 미세 조정해 좋은 소리와 정확한 음정을 유지할 수 있다.

표정 조절도 마찬가지다. 자신의 표정을 의식하다 보면, 표정을 미세 조정할 수 있게 된다.

'하루에 한 번'
표정 조절 연습하기

　일본에서는 감정을 '희로애락(喜怒哀樂)'이라는 한마디로 표현한다. 하지만 표정 연구의 일인자인 미국의 심리학자 폴 에크먼(Paul Ekman)은 인류에게 보편적인 표정으로 '기쁨', '분노', '혐오', '공포', '슬픔', '놀람' 등을 예로 들었다. 또한 하위 분류와 기타로 분류되는 것도 있다. 이 가운데 대표적인 여섯 가지 감정을 얼굴로 표현하는 연습을 해 보자.

　방법은 간단하다. 하루에 한 번, 여섯 가지 감정을 하나씩 느끼며 그것을 얼굴로 표현해 보고 스마트폰 등으로 셀카를 찍는 것이다. 자신의 감정이 얼굴에 어떻게 나타나는지 확인해 보자.

감정을 얼굴에 나타낸 채 표정근의 긴장 및 이완 상태 등 그 감각을 느껴 보자. 연습을 통해 표정근의 긴장 및 이완 감각만으로 자신이 어떤 얼굴을 하고 있는지 떠올릴 수 있게 될 것이다.

이렇게 되면 언제든지 특정한 표정을 순식간에 만들어 내는 것이 가능해진다.

POINT

- 기분을 의도적으로 바꾸고 싶다면, 표정을 자기 뜻대로 조절할 수 있어야 한다.
- 표정을 보는 연습을 하다 보면, 표정을 미세하게 조정할 수 있게 된다.
- '기쁨', '분노', '혐오', '공포', '슬픔', '놀람'의 여섯 가지 감정에 대한 표정을 연습해 보자.

표정을 조절하는 방법

01 '기쁨'의 기억을 생각해 낸다. 그때의 얼굴을 만들어 본다. 스마트폰 등으로 셀카를 찍는다. 찍은 사진을 살펴본다. 사진을 보며 똑같은 얼굴을 해 보고, 그때의 표정근 감각을 느껴 본다.

02 '분노'의 기억을 생각해 낸다. 그때의 얼굴을 만들어 본다. 셀카를 찍고 찍은 사진을 살펴본다. 사진을 보며 똑같은 얼굴을 해 보고, 그때의 표정근 감각을 느껴 본다.

03 '혐오'의 기억을 생각해 낸다. 그때의 얼굴을 만들어 본다. 셀카를 찍고 찍은 사진을 살펴본다. 사진을 보며 똑같은 얼굴을 해 보고, 그때의 표정근 감각을 느껴 본다.

04 '공포'의 기억을 생각해 낸다. 그때의 얼굴을 만들어 본다. 셀카를 찍고 찍은 사진을 살펴본다. 사진을 보며 똑같은 얼굴을 해 보고, 그때의 표정근 감각을 느껴 본다.

05 '슬픔'의 기억을 생각해 낸다. 그때의 얼굴을 만들어 본다. 셀

카를 찍고 찍은 사진을 살펴본다. 사진을 보며 똑같은 얼굴을 해 보고, 그때의 표정근 감각을 느껴 본다.

06 '놀람'의 기억을 생각해 낸다. 그때의 얼굴을 만들어 본다. 셀카를 찍고 찍은 사진을 살펴본다. 사진을 보며 똑같은 얼굴을 해 보고, 그때의 표정근 감각을 느껴 본다.

07 마지막으로 다시 한번 '기쁨'의 표정을 만드는 연습을 해 본다.

최고의 상태를 떠올리며 기분을 전환하라

현재 상태가 어떻든 간에 최고로 이상적인 상태를 상상해 보는 것이다. 무엇이 어떻게 되면 좋을지 그 상태를 마음속에 그려 보는 것이다. 그 장면을 뚜렷이 떠올리고 그 자리에 있듯이 한번 느껴 보자. 한동안 그러면 마음이 진정된다.

'거북한' 기분이 강할 때는
어떻게 해야 할까

인간의 감정은 복잡하다. 표정을 바꾸고 싶지만 원래의 감정이 강한 나머지 그것에 압도되어 표정을 잘 지을 수 없는 경우도 있다. 어떤 상황에서든지 하고 싶은 말을 이상적인 기분으로 전하려면, 그 상황에 맞는 대응법이 필요하다.

하기 힘든 말을 상대방에게 한다고 가정해 보자. 자신도 모르게 얼굴에는 거북하다는 감정이 드러날 것이다.

계속해서 그 상대방과 어색한 관계로 지내고 싶은가?

아마 지금은 거북해도 앞으로는 어색한 관계를 해소해 좀 더 편안한 관계가 되고 싶다거나, 서로 믿을 수 있는 관계를 맺고 싶다고 생각할 것이다. 하지만 현실적으로 거북한 말을 하려고 하면, 자신도 모르게 얼굴이 굳어지는 경우가 있지 않은가?

그럴 때는 자신이 원하는 관계에 대한 감정을 생각해 내고, 그 감정을 얼굴로 표현하는 일에 집중하자. 아니면 자신이 원하는 미래를 앞질러 기분을 만들자.

원하는 미래를 앞지르려면 어떻게 해야 할까?

먼저 현시점에서 어떤 마음을 느꼈다고 해도 그것은 그것대로 그냥 두는 것이다. 그런 다음 바라는 기분에 대해 생각해 보자.

현재의 관계가 어떻든 간에 정말로 어떤 관계를 구축하고 싶은가?

가상으로 지금 이상적인 관계를 구축한 상태라면, 어떤 감정을 느낄지 이리저리 생각해 봐도 좋다.

감정이 정해지면, 그 감정에 가까운 감정을 느낀 과거의 체험을 떠올려 보자.

예를 들어, 신뢰 관계라고 한다면 누군가와 서로 신뢰를 주고받은 체험을 떠올리는 것이다. 그 상대방과 어디에서 무엇을 했는가? 구체적인 장면을 떠올리고 그 사람과 있었던 일을 뚜렷이 생각해 내 그때의 기분을 재현하기 바란다.

그 기분을 얼굴로 표현하면 어떻게 될까?

허세 없이 웃는 얼굴인가? 아니면 만면에 미소가 가득한 얼굴인가?

그 웃는 얼굴을 상대방에게 보이며 이야기를 시작하자. 거북한 상대방에게 다가가기 전에, 또는 다가가는 도중에 이 순서를 끝내도록 하자.

매우 좋았을 때의 상황을 떠올리고 그 기분을 만든 뒤 말을 시작하는 것이다.

내가 운영하는 꿈 실현 응원 코칭 프로그램 계약을 제안할 때, 나는 고객에게 이상적인 응원 대화를 제공하는 장면을 떠올리며 저절로 생겨나는 표정을 짓도록 노력한다.

그렇게 하면 자연스러운 표정을 통해 내 기분이 고스란히 고객에게 전해진다. 그러면 고객도 내 기분을 이해해 주어서 서로에게 무리 없이 계약을 체결할 수 있다.

'어떻게 해서든지 계약을 따내야지.', '고객을 조종해서 무조건 계약해야지.'라고 생각하면 오히려 계약으로 이어지지 않는다. 고객의 자유의사를 존중한다는 내 의사를 얼굴 표정으로 표현하기 때문에 순조롭게 계약할 수 있는 것이다.

원하는 관계를 상상한 뒤 표정을 짓는 방법

01 상대방과 어떤 관계를 구축하고 싶은지 마음속에 그려 본다.

02 그 관계를 구축할 때의 기분을 얼굴로 표현해 본다.

03 얼굴 표정근의 상태를 확인한다. 거울로 보거나 스마트폰 등
으로 셀카를 찍어서 확인해 보자.

04 셀카로 찍은 사진을 확인해 표정과 감정과 표정근의 관계를 기
억한다.

05 바람직한 관계를 생각해 내고 그 표정을 만든다.

06 표정을 유지한 채 말을 거는 연습을 한다. 첫 발언을 밝게 할
수 있을 때까지 연습해 보자. 첫 발언은 '안녕하세요.' 등의
인사라도 상관없다.

화가 치밀지만
잘 지내고 싶다면

우리의 마음에는 다양한 감정이 소용돌이친다. 그중에는 모순되는 감정도 섞여 있다.

'좋음'과 '싫음', '기쁨'과 '분노', 다른 사람의 성공을 '부러워하는 마음'과 '칭찬하는 마음', '행동하고 싶은 마음'과 '행동을 무서워하는 마음'…….

반드시 말해야 하는 것이 있는데 상반되는 감정이 격하게 대립하면, 그 자리에 얼어붙어서 말을 걸지 못하게 된다. 하지만 모순되거나 갈등하는 감정의 어느 한쪽이 우세해진다면, 마음에 걸리는 점이 있어도 말을 걸 수는 있다.

이를테면 격심한 분노와 사이좋게 지내고 싶은 마음이 있다고 하자. 분노로 치우치면 분노를 모조리 털어놓자. 사이좋게 지내고 싶다는 마음이 우세하면 분노를 느껴도 "사이좋게 지내자."라고 말할 것이다. 하지만 상반되는 감정에서 한쪽이 우세해지는 경우는 거의 없다. 어중간하게 마음에 걸리는 경우가 대부분이다.

이런 경우 어떻게 하면 좋을까?

상반되는 감정과 똑같은 수준으로 생각해도 해결되지 않는다. 이럴 때는 숨을 한번 돌리고, 대화 후의 바람직한 상태를 마음속에 그려 보자.

예를 들어, 부탁한 일을 해 주지 않은 지인에게 앞으로의 일에 대해 말해야 한다고 하자. 똑바로 해 주지 않은 지인을 비난하고 싶은 마음과 그렇기는 해도 지금까지는 잘해 주었기에 사이좋게 지내고 싶은 마음이 갈등한다고 하자. 갈등을 느낀 채 이야기를 시작하면 그 기세를 타서 무슨 말을 할지 모른다. 결과적으로 잘되면 좋지만 위험도 있다.

그래서 대화의 목적과 대화 후에 어떻게 되면 좋은가를

확실하게 연상해야 하는 것이다.

'지나간 일은 어쩔 수 없다고 해도 약속을 왜 어겼는지 그 이유는 알고 싶다. 그리고 앞으로 일을 부탁하면 확실히 해 달라고 거듭 확인하고 싶다. 또한 좀 더 제대로 기분을 맞추어서 협력하고 싶다. 그렇게 할 수 있다면 더욱더 믿을 수 있는 관계를 구축할 수 있을 것이다. 그래, 더욱더 믿을 수 있는 관계가 되고 싶다는 것이 이 대화의 목적이다.'

그러면 이제 그 목적이 이루어졌을 때의 기분을 상상하고 느껴 보자.

그리고 그 기분을 표정으로 나타내 보자.

기분을 느끼고 얼굴로 표현하며 다시 한번 분노와 함께 전하고 싶은 말을 떠올려 보자.

- 약속을 어긴 이유를 알고 싶다.
- 앞으로 부탁하는 일은 확실히 해 주었으면 좋겠다.
- 앞으로는 더욱더 협력하고 싶다.

이런 메시지는 결코 분노와 함께 전할 필요가 없다는 것을 확인한다. 또 서로 신뢰하는 기분으로 전한다면, 어떤 식으로 말해야 할지 생각한다.

여기까지 오면 하고 싶은 모든 말을 이상적인 기분으로 전할 수 있는 준비가 갖추어진 것이다.

이렇게 '전하고 싶은 말'과 '이상적인 기분'과 '표정'을 일치시켜라.

'최악의' 상황을
'이상적인' 상태로 만들기

순서에 따라 자신의 감정을 바라보고, 이상적인 기분을 찾아서 말하기. 이것은 꼭 연습을 거듭하기 바란다.

하지만 지금 당장 할 수 있는 실천적인 방법은 없느냐며 초조해하는 사람도 있을 것이다. 그런 사람을 위해 즉시 할 수 있는 간단한 방법도 알려 주겠다.

이것은 '최악이기 때문에 최고로 이상적인 상태는?'이라는 자문법이다.

상대방과 심하게 갈등을 겪어서 큰 분노를 느꼈다고 하

자. 하지만 상대방과 사이좋게 지내고 싶다. 그래도 마음속에서 전혀 타협을 짓지 못한다. 게다가 느긋하게 자신의 마음을 다시 바라볼 시간이 없다.

그렇다면 현재 상태를 최악이라고 인정하자. 갈등이 생겨서 최악이라고 생각하는 것이다.

최악의 상황이니까 어떻게 되어도 상관없다고 중도에서 포기하면 문제가 해결되지 않는다. 다음 말을 연결해 보자.

'그렇기 때문에 최고로 이상적인 상태가 필요하다!'

현재 상태는 최악이기 때문에 아주 조금 신경을 쓰는 것으로는 부족하다. '언 발에 오줌 누기'나 마찬가지다. 최악이기 때문에 최고로 좋은 상태, 즉 이상적인 상태를 생각해 보자.

자신에게 유리한 최고의 상태는 무엇인지 생각하는 것이다. 최악의 상태에서 과감히 단숨에 정반대로 방향을 틀어 보자.

예전에 나는 회사에서 좋은 평가를 전혀 받지 못하고 승진도 못한 시기가 있었다. 그때 나는 어떤 법률 준수를 위한 체제를 정비하는 업무를 담당했다. 하지만 이익에 직결되는 것도 아니라 좋은 평가를 받지 못했다.

나는 상사가 도통 나를 이해해 주지 않는다고 생각하며 억울해했다. 정말로 당시의 상황은 최악이라고 생각할 만했다. 객관적이라기보다는 주관적으로 그렇게 느꼈다.

그래서 오히려 나는 최고로 이상적인 상태가 무엇인지에 관해 생각했다. 상사가 이해해 주지 않는다고 느낀다면 상사가 이해해 주는 상태, 상사뿐 아니라 다른 부서들도 끌어들여서 이해를 얻는 상태, 또한 상사가 고마워할 정도의 성과를 올리는 상태라고 생각했다. 당시 내게는 이것이 '최고로 이상적인 상태'였다.

'최고로 이상적인 상태'를 연상해 부지런히 자료를 만들고 다른 부분과 교섭하자, 조금씩 이해해 주는 사람이 늘어났다.

결과적으로 평가가 확 좋아지지는 않았다. 하지만 진행하던 법률 준수 체제 조성은 착착 진행되어 소기의 목적을 달성할 수 있었다. 그 배후에는 나를 지지해 준 다른 부서 상사도 있었다.

그로부터 몇 년 후, 법률 준수에 관한 감찰이 시행되었을 때는 이미 체제가 정비되었기에 무사히 넘길 수 있었다. 만약에 당시 내가 최악이라는 감정에 집착해 반항하고 대충 일했으면 어떻게 되었을까? 법률 준수 체제는 정비되지 않고, 몇 년 후의 감찰에서 회사가 큰 손실을 냈을지도 모른다. 반항하거나 포기하지 않아서 다행이었다.

이때 사용한 기술이 '최악인 만큼 최고로 이상적인 상태는?'이라고 묻는 방법이었다.

현재 상태가 어떻든 간에 최고로 이상적인 상태를 상상해 보는 것이다. 무엇이 어떻게 되면 좋을지 그 상태를 마음속에 그려 보는 것이다. 그 장면을 뚜렷이 떠올리고, 그 자리에 있듯이 한번 느껴 보자. 한동안 그러면 마음이 진정된다.

최고로 이상적인 상태가 현실이 되었고 그 속에 자신이 있다면 어떤 표정을 지을까? 마음껏 상상해 그 표정을 만들어 보기 바란다.

'안정', '만족', '매우 기쁨'에 대한 표정을 만들면, 최고로 이상적인 상태의 감정이 한층 더 강화될 것이다.

감정을 느끼고 그 감정을 얼굴로 표현하면, 표정근을 통해 뇌의 착각이 일어나고 얼굴 표정이 나타내는 감정이 강화

된다. 이 순환 회로가 작동하기 시작하면 감정이 안정된다.

'최악인 만큼 최고로 이상적인 상태는?' 식의 발상의 전환은 언제 어디서나 사용할 수 있으니 꼭 시도해 보기 바란다.

POINT

• 자신이 원하는 미래를 앞질러 좋은 기분을 만들어 본다.

• 갈등을 느낀 채 말하기 시작하면, 그 기세 때문에 말을 지나치게 하는 경우가 있으니 주의해야 한다.

• '최악인 만큼 최고로 이상적인 상태는?' 식의 발상 전환법을 실천해 보자.

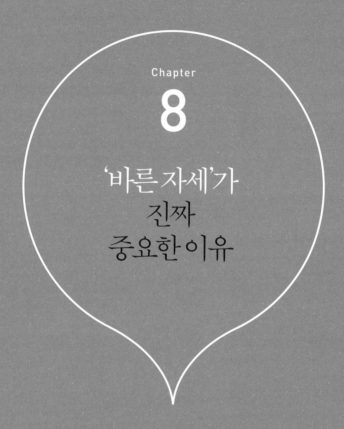

Chapter

8

'바른 자세'가
진짜
중요한 이유

바른 자세로 앉으면 상체가 자유로워지고 몸짓과 손짓도 자유롭게 할
수 있다. 자유란 어떤 변화에도 대응할 수 있는 상태다. 몸이 자유로우
면 그 자유가 마음에도 영향을 줘서 기분을 풀어 주기도 한다.

나의 '기본자세'를
파악하고 점검하기

우리는 기분을 동작으로 나타낼 수 있다. 얼굴 표정과 마찬가지로 동작도 감정을 드러내며, 동작을 통해 자신의 감정을 깨닫게 되기도 한다.

우리는 어릴 때부터 다양한 동작을 익혀 왔다. 그 동작의 기반이 되는 것이 바로 자세다. 자세는 지금까지 우리가 살아온 모습으로 만들어졌다.

예를 들면, 서서 하는 일이 많은 사람은 서 있을 때의 자세가 기본자세가 된다. 늘 손이 미치는 범위를 보는 요리사와 같은 자세가 있는가 하면, 강연자처럼 많은 사람을 앞에 두고 등을 곧게 편 자세를 취하는 사람도 있다. 앉아서 하는 일이 많은 사람도 책상 앞 컴퓨터 화면에 달라붙은 자세만 취하는 사람이 있는가 하면, 낮고 작은 의자에 걸터앉아 손님을 기다리는 청과물 가게 직원처럼 자세를 취하는 경우도 있을 것이다.

결국 평소의 자세가 반복되어서 지금 당신의 기본자세가 만들어졌다.

'뻔뻔하게 말해도 마음을 얻는 대화법'을 활용하려면 자세를 다시 한번 점검해 보자.

어떤 자세가
바른 자세일까

우리의 몸은 마음 상태를 표현한다. 마음이 우울해지면
자세가 나빠진다. 반대로 기분이 좋으면 자세가 좋아진다고
하고 싶지만, 자세에는 평소의 버릇이 반영되므로 기분이 좋
다고 해서 반드시 자세가 좋아진다고 할 수 없다. 그래도 기
분을 올리기 위해서 자세를 바르게 하는 것이 중요하다.

원래 우리의 몸과 자세에는 반드시 어떠한 버릇이 있다.
정말로 자세가 좋은 사람은 찾아보기 어렵다.

지금까지의 자세를 다시 한번 재점검하고 바른 자세를 익
히도록 하자.

나는 대학 시절에 체육학과에서 합기도를 수강했다. 그때 바른 자세에 대해 배웠다. 수업 시간에 바른 자세로 계속 서 있을 때가 있었는데, 그 전까지의 자세가 나빴던 탓에 바른 자세를 유지하기가 너무나 괴로웠던 기억이 난다.

바른 자세라는 것은 정면에서 보면,

- 목덜미를 쭉 편다.
- 머리는 곧추세운다.
- 턱은 살짝 당긴다.
- 어깨의 힘을 뺀다.
- 가슴은 조금 편다.

옆에서 보면,

- 등뼈는 완만한 'S'자 곡선을 그린다.
- 손끝은 쫙 펴고 중지가 바지의 재봉선을 따르듯이 놓인다.
- 귀의 중심과 어깨의 중심이 일직선이 된다.

이런 자세를 유지하려면 처음에는 어딘지 답답하고 괴로운 느낌이 들 것이다. 하지만 괴롭다는 것은 지금까지 들인 버릇이 강하다는 뜻이다. 그러므로 자꾸 의식해야 바른 자세를 터득할 수 있다.

바른 자세가 몸에 배게 되면 어깨 결림이 사라지고 쓸데없이 긴장하지 않게 되므로 여러모로 좋다. 기분도 저절로 좋아진다.

바른 자세는
'존재감'도 높여 준다

나는 초등학생 때 양 엄지발가락 관절 부분에 통증을 느껴서 접골원에 다녔다. 하지만 통증이 전혀 사라지지 않아서 2년 정도 체육 수업을 쉬었다. 아무래도 등뼈가 정면에서 보면 S자형으로 굽은 '척추 측만증'이었던 것 같은데, 비뚤어진 등뼈가 신경을 건드려서 엄지발가락 관절이 아팠다.

중학생이 되기 전에 허리를 펴서 2년에 걸친 관절통을 치료했고, 그때 자세의 중요성에 대해 배웠다.

자세를 바르게 하면 건강에 좋은 것은 물론 그 이상의 효과가 생긴다.

바른 자세는 존재감도 높여 준다. 다른 말로 표현하면 분위기 있는 사람이 될 수 있다.

유명 아티스트부터 경영자까지 직접 코칭하고 있는 보컬 디렉터 나카니시 겐타로[中西健太郎] 씨에게 자세와 분위기에 대해 물어본 적이 있다. 그는 "무대 위에서 카리스마를 발휘하고 싶다면, 자세를 바르게 하는 것이 중요하다."라고 말했다.

자세를 바르게 하면 몸이 커 보인다. 사람은 동물적 본능으로 커다란 몸집을 보면 생명력이나 두려움, 경의를 느끼는 심리 성향을 가지고 있다. 생명력이 강하게 느껴지는 인물은 타인을 매료시키며, 이성이라면 가까이 다가가고 싶게 한다. 동성일 경우에는 적으로 삼기보다 아군으로 삼고 싶어진다고 한다.

또한 자세를 바르게 하면 목소리도 좋게 울려 퍼져서 그 매력이 카리스마를 한층 더 끌어올려 준다고 한다. 반대로 무대 위에서 안 좋은 자세로 연기하면, 카리스마 대신 우스꽝스럽거나 품위 없는 인상을 준다고 한다.

인류가 두 발로 걷게 되기까지의 과정을 그린 진화도를 본 적이 있을 것이다. 인간은 유인원에서 현생 인류까지, 즉 네 발로 생활하다가 서서히 두 발로 걸으며 직립함에 따라 지능도 발달했다. 확실히 등을 구부린 채 부자연스럽게 움직이면, 별로 지성이 있어 보이지 않는다.

이것은 어디까지나 인상에 대한 말이지, 실제 지성에 대한 말은 아니다. 하지만 좋은 자세를 취해야 상대방에게 좋은 인상도 줄 수 있다.

자세에서 가장 중요한 것은 '허리'다

로봇 연구에 대해 전문가에게 이야기를 들은 적이 있다. 현재 로봇은 자세 조정 면에서 현격하게 진보했다고 한다. 이족 보행 로봇 중에는 재주넘기를 할 수 있는 로봇이 있다. 또한 사족 보행 로봇의 경우 발로 차도 흔들린 자세를 다시 잡을 수 있는 로봇이 개발 중이다.

하지만 그 자세 제어 기술은 손발(사지)을 사용해서 균형을 잡는 기술이라고 한다. 한편, 인간은 손발로도 균형을 잡지만 허리가 가장 중요한 기능을 한다. 상하체의 움직임에 따라 허리의 내부 근육과 온몸의 근육을 연동시켜 자세를 제어한다고 한다. 이를 로봇으로 재현하는 기술은 아직 개발되지 않았다.

무술계 전반에서도 허리가 중시되어 검도에서는 허리로 치라고 하며, 태극권 등 대륙의 무술에서 지르기의 타격력은 허리가 중심이라고 한다. 무술 유파 중에는 허리를 단련하는 것을 중요하게 여기며 그 방법을 알려 주는 곳도 있는가 하면, 반대로 비전으로 여기며 좀처럼 알려 주지 않는 곳도 있다고 들었다.

자세를 지탱하는 가장 중요한 부분이 바로 허리다. 허리는 직접 등뼈로 이어져서 등뼈의 움직임을 유지하는 축이 된다.

등뼈가 가장 자연스러운 상태는 옆에서 봤을 때 완만한 S자 곡선을 그리는 것이다. 신체 중에서 가장 무거운 머리를 등뼈의 S자 곡선이 구조적으로 튼튼하게 지탱해 준다. 반대로 우리가 등을 구부릴 때는 등뼈의 S자 곡선이 비뚤어져 직선에 가까워진다.

등뼈의 S자 곡선은 골반을 세워서 허리를 조금 넣고 가슴을 약간 펴듯이 하면 생긴다. 허리가 튼튼하면 하체가 안정된다. 허리가 안정되면 상체의 긴장을 풀 수 있다.

기분을 풀려면
'의자에 똑바로 앉기'

허리를 바르게 펴고 회음부(성기와 항문 중간에 위치하는 살의 일부분)를 의자 시트에 대듯이 앉는다. 그리고 회음에서 머리 꼭대기까지 일직선으로 늘어놓듯이 한 뒤 등뼈는 옆에서 봤을 때 균형 잡힌 S자 곡선을 그리도록 하면 힘을 주지 않고 앉을 수 있다.

의자에 깊숙이 앉을 때는 허리를 잘 넣어 골반을 세워야 한다. 고관절이 압박받는 것이 싫은 사람은 살짝 걸터앉으면 좋다. 그러면 고관절의 압박을 느끼지 않고 자연스럽게 등뼈의 S자 곡선을 만들 수 있다.

자세 치료가인 나카노 다카아키[仲野孝明, 나카노 접골원장]의 저서『평생 '피곤하지 않은' 자세를 만드는 방법』에 따르면, 원래 인간은 서 있을 때의 자세가 기본이며 앉는 것은 예외적인 자세라고 한다.

하지만 현대인은 앉아 있는 시간이 길다. 그 결과 잘못된 자세가 몸에 배어 뒤틀린 탓에 몸 균형이 망가지게 되었다.

뒤틀린 자세는 혈액 순환을 방해하고 내장에 불필요한 압박을 주며 등뼈가 굽는 버릇을 들인다.

따라서 의자에 앉을 때는 최대한 똑바로 서 있을 때와 같은 자세를 취해야 한다. 의자 시트에 살짝 걸터앉아서 허리를 넣고 앉으면 좋다.

바른 자세로 앉으면 상체가 자유로워지고 몸짓과 손짓도 자유롭게 할 수 있다. 자유란 어떤 변화에도 대응할 수 있는 상태다. 몸이 자유로우면 그 자유가 마음에도 영향을 줘서 기분을 풀어 주기도 한다.

'후다닥' 재빠르게
바른 자세로 되돌리기

지금까지 바른 자세에 대해 설명했다.

그렇다고 대화를 나누는 중에 계속 직립 부동자세를 유지한다면 매우 위화감이 들 것이다. 대화는 늘 변화하므로 동작도 대화에 따라 변화해야 자연스럽다.

본연의 자세란 바른 자세로 시작되어 늘 변화하지만, 바른 자세로 돌아가는 균형 프로세스라고 이해하자.

그러므로 일시적으로 안 좋은 자세가 되어도 상관없다. 일시적인 자세 변화는 무너진 상태라고 생각해 보자. 평소의 안 좋은 버릇이 나오거나 바른 자세가 무너지면, 또 바른 자세로 돌아가도록 하면 된다. 바른 자세는 긴장을 풀어 줘서 쓸데없는 힘을 뺄 수 있다. 긴장을 풀고 편히 쉬면 모든 변화에 유연하게 대응할 수 있다. 예를 들어, 응접 소파에 가랑이를 크게 벌리고 깊숙이 앉았다고 하자. 그때 윗사람이나 단골 고객이 갑자기 나타나면 어떨까?

"아, 고객님!" 하면서 자세를 고쳐 잡고 얼른 일어나야 한다. 거동 한 번으로 움직일 수 없다. 자세가 무너져도 즉시 바른 자세로 돌아가는 버릇을 들이자.

바른 자세를 취하면 긍정적인 기분이 생긴다. 예를 들어, 전철에 앉아 있는데 어르신을 발견하면 즉시 자리를 양보하고 싶은 마음과 더불어 곧바로 일어나 양보할 수 있을 것이다.

또 누군가의 말에 상처를 받아 풀이 죽었다가도 잽싸게 바른 자세를 회복해 '자신이 원하는 기분'을 표현할 수도 있다.

POINT

- 바른 자세를 취하면 기분이 저절로 좋아진다.
- 자세에서 가장 중요한 포인트는 '허리'다.
- 자세가 무너지면 바른 자세로 되돌리기를 의식적으로 실천해 보자.

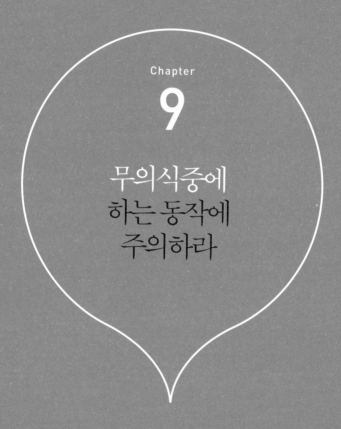

Chapter

9

무의식중에
하는 동작에
주의하라

눈에는 우리의 기분이 나타난다. 시선을 피하거나 눈을 맞추지 않는 것
은 자신의 기분을 상대방에게 알리지 않겠다는 동작이다. '뭔가 알리고
싶지 않은 일이 있나?' 하고 상대방을 경계하게 만든다.

'소극적인 마음'은
어떤 동작으로 나타날까

지금까지 기분을 좋게 만들기 위한 바른 자세에 대해 설명했다.

하지만 바른 자세를 취해서 얻은 좋은 기분이 상대방에게 잘 전해지지 않는 경우가 있을 것이다.

그럴 때는 자신 안에 깊이 자리한 소극적인 마음이 동작으로 나타나고 있지는 않은지 확인해 볼 필요가 있다. 그 소극적인 마음이 좋은 기분을 온전히 전달하는 데 방해가 되기 때문이다.

소극적인 마음은 대체로 다음에 제시한 3요소로 동작에 나타난다.

- 거리를 둔다.
- 눈을 맞추지 않는다.
- 긴장한다.

그렇다면 이제부터 이 3요소에 대해 자세히 살펴보자.

서로가 편안한
'적절한 거리' 찾기

학생 때 붙임성이 좋은 남자 동급생이 있었다. 그는 재기 발랄한 성격이었지만, 말할 때 그 거리가 몹시 가까워 대화하기가 힘들다고 느낀 적이 있다.

꿈 실현 응원 코칭을 할 때의 일이다. 내가 서서 이야기를 경청하며 몸을 앞으로 내밀 때마다 그만큼 뒤로 물러나는 고객이 있었다.

이야기를 들을수록 내 몸은 앞으로 나오고 고객은 뒤로 물러나, 어느새 두 사람이 벽까지 이동한 일이 있었다. 내가 숨 막히게 느껴졌을지도 모른다(참고로 그 고객은 남성이다).

사람과 사람 간의 거리에서는 위험에 대한 감도가 드러나기도 한다.

하기 힘든 말을 전하려고 할 때 거북함 탓에 평소보다 거리를 둔 경험이 있지 않은가? 상대방과의 거리가 평소보다 멀다는 생각이 들면, 상대방 역시 심리적 거리를 느끼며 불신감을 품는다.

정말 거북할 때야말로 상대방과 앞으로 어떤 관계를 구축하고 싶은지 상상해서 거리를 줄이는 것이 중요하다. 그렇다고 해서 반대로 너무 다가가면 사생활이 노출되는 느낌이 드는 탓에 상대방도 경계심을 느끼므로 주의하자.

대화할 때 사람 간의 거리는 상대적인 면이 있다. 객관적으로 좋다고 할 수 있는 거리가 딱히 없다. 그러므로 평소 대화할 때 본인도 안심이 되고 상대방도 편하게 느낄 수 있는 거리를 잡도록 의식적으로 시도해 보자.

외면하지 말고
눈을 맞추며 이야기하라

"상대방의 눈을 보며 이야기하세요."

성실한 대화법은 이렇게 알려 준다. 하지만 일본인은 상대방의 눈을 보며 말하는 것에 서투르다. 그래서 대화법과 관련한 자기 계발서 등에서는 눈을 보기보다 눈과 눈 사이나 콧날 주위를 보면 좋다고 조언한다.

눈에는 우리의 기분이 나타난다. 시선을 피하거나 눈을 맞추지 않는 것은 자신의 기분을 상대방에게 알리지 않겠다는 동작이다. '뭔가 알리고 싶지 않은 일이 있나?' 하고 상대방을 경계하게 만든다.

한 컨설턴트 사무실에 가서 거래 상담을 했던 적이 있다. 나는 줄곧 온화한 표정으로 상대와 눈을 마주치며 말했다. 그런데 그 회사의 실적에 관한 이야기가 나오자, 컨설턴트는 갑자기 고개를 돌리며 말하기 시작했다.

나도 무심코 그쪽을 봤다. 그곳에 뭔가 실적에 관한 것이 놓여 있나 싶었기 때문이다. 하지만 그곳은 단순한 벽면이었고, 실적에 관한 것이 걸려 있거나 하지 않았다. 그 컨설턴트는 실적에 관해 이야기할 때 나와 정면으로 눈을 맞추는 상태에서 벗어나고 싶었던 것이다. 실적에 관한 이야기가 끝나자, 그는 다시 내 눈을 맞추며 이야기했다.

우리는 불안해졌을 때 상대와 눈을 맞추지 않는 것으로 불안을 간파하지 못하게 하려고 한다. 하지만 그 불안은 시선을 피하는 행동으로 말미암아 오히려 상대방에게 강하게 전해진다. 자신의 시야에서 상대방의 눈이 사라질 뿐 시선을 피한 자신의 자세는 상대방에게 그대로 노출된다.

자기도 모르게 불안할 때 시선을 피하는 버릇이 있다면, 상대방의 눈을 보고 말하는 것을 의식적으로 실천해 보자.

시선을 피하지 않는 방법

01 자신의 얼굴이 정면에 보이도록 거울 앞에 서거나 앉는다.

02 눈을 감고 심호흡하며 긴장을 푼다.

03 특정한 인물과 말하는 장면을 떠올리며, 그 사람이 몰랐으면 하는 일이나 불안을 느끼는 것에 대해 생각한다.

04 눈을 감은 상태에서 마음속으로 상대방의 눈을 바라본다. 불안을 느끼는 것에 대해 마음속으로 이야기해 본다.

05 그 생각을 유지하며 눈을 뜬다.

06 자신의 눈을 보며, 불안한 생각이 떠올라도 시선을 피하지 않도록 한다.

07 거울에 비친 자신의 모습을 가공의 상대방으로 삼고 눈을 바라본다. 그리고 마음속으로 불안하게 느끼는 것에 대해 말한다. 말로 하든 안 하든 상관없다.

08 인간에게는 누구나 장점과 단점이 있다. 알리고 싶지 않은
    일은 누구에게나 있는 것이라고 자신을 타이르면서 거울에
    비친 자신의 모습을 바라본다.

09 마음속으로 '당신을 인정합니다. 당신의 약점을 받아들이겠
    습니다. 당신의 강점도 받아들이겠습니다. 당신의 모든 것을
    받아들이겠습니다.'라고 외치며 자신의 모습을 계속 바라본
    다. 이때 눈을 감지 말고 시선을 피하지 않도록 한다.

10 고마운 마음을 느끼며 자신을 바라본다.

11 눈을 맞추고 싶지 않은 사람을 생각해 본다. 그런 후 마음속
    으로 '당신을 인정합니다. 당신의 약점을 받아들이겠습니다.
    당신의 강점도 받아들이겠습니다. 당신의 모든 것을 받아들
    이겠습니다.'라고 외친다. 그리고 고마운 마음을 느끼며, 그
    사람을 마음의 눈으로 바라본다.

자꾸 긴장할 때
꼭 필요한 5가지 방법

어릴 때 부모님이나 선생님, 손윗사람에게 혼나거나 위압을 당해서 긴장한 나머지 움츠러든 적이 있지 않은가?

사람들은 긴장하는 것이 '반성'이나 '고분고분 명령에 따른다는 뜻', '성실함'을 드러내는 것이라 여기곤 한다.

하기 힘든 말을 전할 때 긴장하는 것은 '성실함'이나 '고분고분 명령에 따른다는 뜻'을 나타내기 위한 것일 수 있다. 몸이 자동으로 반응한다. 하지만 실제로 긴장하면 지금 떨고 있다고 뇌가 느끼거나 머릿속이 새하얘지거나 대화가 제대로 이루어지지 않는 등 별로 좋지 않다.

적당한 긴장감은 좋다는 의견도 있지만, 긴장을 풀지 않으면 자연스러운 대화를 나눌 수 없다. 육체의 긴장은 정신의 긴장을 부르고 경직된 대화를 끌어내서 상대방에게 경계심을 느끼게 한다.

어떤 고객의 사례다. 직장 리더여서 매주 한 번씩 조례할 때마다 사람들 앞에 서서 이야기하는 것이 질색이라는 사람이 있었다. 긴장 때문이었다. 눈앞에 보이는 사람은 늘 함께 일하는 부하 직원뿐이다. 그런데도 긴장해서 조례가 있을 때마다 위가 아프다고 했다.

그래서 그 사람에게 긴장하는 장면을 뚜렷하게 떠올려 보게 했다. 그랬더니 긴장하는 이유를 알 수 있었다. 부하 직원이 자신의 이야기를 왠지 시시하게 여기거나 마음속으로 무시할 것 같아서 자신도 모르게 목소리가 날카로워지는 느낌이 든다는 것이었다.

그래서 그에게 부하 직원의 입장에서 앞에 선 상사의 모습을 상상하게 했다. 부하 직원의 마음을 느끼게 한 것이다. 그러자 그는 이렇게 말했다.

"부하 직원의 입장에서는 진지하게 들어야 한다고 느꼈습니다. 한편으로 말을 질질 끌지 말고, 빨리 끝냈으면 좋겠다고 생각했습니다. 말 한마디 한마디에 반응해서 말꼬리를 잡으려고 하진 않았습니다."

그런 깨달음을 얻게 한 후 다시 한번 상사 입장에서 조례에서 말하는 장면을 느끼게 했다. 그러자 이번에는 부하 직원이 조금도 두렵지 않다고 했다.

그 후 그는 부하 직원 앞에서 말하는 조례를 편안하게 생각하게 되었다.

이렇게 긴장하는 원인을 따져 보면 자신의 억측인 경우가 있다. 대단한 일도 아닌데 붙잡고 늘어지듯이 신경을 쓰면 긴장하고 만다.

POINT

- 상대방과 너무 거리가 떨어져 있으면 좋지 않다.
- 눈을 맞추지 않으면 상대방의 경계심을 불러일으킨다.
- 긴장하면 대화나 상대방과의 관계가 어색해지기 마련이다.

긴장을 풀기 위한 5가지 방법

01 몸 움직이기

긴장한 경우에는 몸을 움직이지 않고 힘을 줄 때가 있다. 일어서서 허리를 돌리거나 양손을 흔들어 보자. 물론 한창 말할 때는 이렇게 할 수 없으므로 대화가 시작되기 전에 움직이자. 가볍게 움직이는 것도 좋고, 스트레칭을 하는 것도 좋다.

장소에 여유가 없는 곳이라면 어깨를 앞뒤로 돌리거나 상하 운동을 반복하거나 가슴을 펴듯이 두 견갑골을 좁혔다 넓혔다 하는 것만으로도 마음이 안정될 수 있다.

대기 시간이 있어서 남의 눈을 신경 쓰지 않고 움직일 수 있다면, 그 자리에서 빠른 속도로 제자리걸음을 해도 좋다. 힘차게 제자리걸음을 하자.

02 긴장을 풀어 준 과거의 광경 떠올리기

긴장을 풀기 위해서 상상력을 사용하자. 긴장을 풀어 주었던 과거의 광경을 생각해 내거나 마음속으로 긴장을 푼 모습을 그려 보는 것이다.

이른바 상상력을 활용한 명상이라고 할 수 있다.

예를 들어, 온천물에 몸을 담그고 편히 쉬는 자신의 모습을 상상해 보자. 큰 욕탕에서 어깨까지 푹 물속에 담그고 손발을 편히 뻗는다. 뜨거운 김이 올라오고 물 흐르는 소리가 들린다. 온천물을 손으로 떠 보니 따뜻하고 매끄럽다. 그런 풍경 속에서 유유자적하는 자신의 모습을 상상해 보는 것이다. 이렇듯 온천을 떠올리는 방법에 '릴랙스 온천 명상'이라는 이름을 붙였다.

03 마음이 가라앉는 상상 부풀리기

가슴이 두근거리는 것은 불안이나 공포에 마음이 쏠렸기 때문이다. 그렇다면 의식을 다른 쪽으로 향하게 하자. 불안이나 공포와는 완전히 반대되는 일에 의식을 향하게 하는 것이다.

예를 들면, 장래에 원하는 모습이나 가슴이 뛰는 미래상을 떠올려 보자. 거래 상담을 하는 자리라면 상담 후의 이상적인 상황이나 바람직한 결말을 상상하는 것이다. 성공한 자신의 모습을 상상하고, 그 상태를 마음속에 그리며 뚜렷하게 느낀다.

기분이 좋아지고 안정될 때까지 계속 상상해 보자.

04 음료 마시기

긴장해서 목이 바싹 탈 때는 음료를 마셔 보자. 흥분해서 몸이 뜨거워지면 차가운 음료를, 몸이 차가워지면 따뜻한 음료를 천천히 마시면 좋다.

음료를 마실 때는 액체가 목을 지날 때의 감촉을 의식해 본다. 긴장의 원인이나 불안, 공포로부터 의식을 피하기 위해서라도 천천히 마시고, 위에 도착할 때까지의 과정을 느껴 보자.

05 마사지하기

이것도 의식을 몸의 한 점에 집중시켜서 불안이나 공포로부터 의식을 피하는 효과를 얻기 위해 필요한 행동이다.

어깨를 마사지하자. 적당히 통증을 느끼면 의식이 그 부분으로 향할 것이다. 마사지에 집중하면서 불안과 공포를 잊어버리자.

마사지의 목적은 통증을 느끼는 것이 아니라 몸 일부분에 의식을 집중하는 것이다.

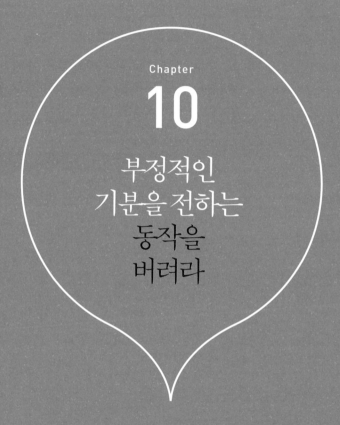

Chapter

10

부정적인
기분을 전하는
동작을
버려라

대화할 때 상대방과 나는 맞댄 거울이다. 불안은 상대방에게 영향을 주
고, 불안해하는 상대방의 모습을 본다면 더욱더 불안해질 것이다. 이
연쇄 작용을 일으키고 싶지 않다면, 불안한 메시지를 주는 동작을 하지
말아야 한다.

어떤 동작이
부정적인 기분을 전할까

당신 주위에 일은 매우 잘하는데, 도무지 무엇을 부탁하기가 어려운 사람은 없는가? 아니면 우수한데 인망이 없는 사람이나 깊이 사귀면 좋은 사람인데 붙임성이 없어서 어쩐지 멀리하게 되는 사람은 없는가?

앞서 말했듯이 자세에는 평소의 버릇이 들어 있으므로 기분이 좋다고 해서 반드시 좋은 자세가 된다고 할 수는 없다. 하지만 누군가 기분과는 상관없이 버릇 때문에 어떤 자세를 취했는데, 그것이 상대방에게 '부정적인 기분'을 전하는 동작일 경우 문제가 된다. 상대방과 거리가 생길뿐더러 상대방의 호감을 얻기 어려워진다.

지금부터 대화를 나누는 중에 취하기 쉬운, 부정적인 기분을 전하는 대표적인 동작에 대해 살펴보자.

팔꿈치를 괴는 것은
'자세가 나빠졌다는' 증거

거래 상담이나 미팅에서 테이블을 끼고 대화할 때 팔꿈치를 괴는 것은 좋지 않은 행동이다. 매너를 다룬 책들에도 그렇게 쓰여 있지만, 실제로는 꽤 많은 사람이 팔꿈치를 괴고 이야기하는 경향이 있다. 양 팔꿈치를 괴거나 한쪽 팔꿈치만 괴기도 한다.

최근에 나도 상대방의 이야기를 열심히 듣다가 정신을 차려 보니, 몸을 앞으로 숙인 채 한쪽 팔꿈치를 괴고 있었다. 이런 자세는 좋지 않으므로 고쳐야 한다고 생각하면서도 어느 순간 또 팔꿈치를 괴고 있었다.

　여기에는 이유가 있다. 어느새 등을 구부린 나쁜 자세가 버릇이 되었기 때문이다.

　오랜 시간 컴퓨터 앞에 앉아 있을 때 등뼈를 구부리는 사람은 이른바 '새우등 자세'가 몸에 밴다. 앞으로 기운 몸을 지탱하기 위해 팔꿈치를 괴어야 했던 것이다. 엎드린 자세로 의자에 앉아 팔꿈치를 괴고 말하는 것은 논외다.

　체형과 버릇에 따라 다양한 패턴이 있는데, 팔꿈치를 괴는 것은 자세가 나빠졌다는 증거다. 몸을 팔꿈치로 지탱한다는 뜻이다.

　팔꿈치로 몸을 지탱하면 그만큼 자유롭게 움직이지 못하니 이를 삼가도록 노력하자.

팔짱을 끼는 것은
'방어 자세'를 뜻한다

팔짱을 끼는 것도 문득 취하게 되는 동작이다. 뭔가 생각하거나 중대한 안건이라고 받아들였을 때 반사적으로 팔짱을 끼는 버릇을 가진 사람이 있다.

팔짱을 끼는 것은 방어 자세를 뜻한다. 자신의 몸을 지키고 내면을 드러내지 않겠다는 메시지다.

사람은 불안을 느꼈을 때 자신의 손이나 팔이 몸 어딘가에 닿아 있어야 안심하는 경향이 있다. 그래서 불안을 느끼면 손으로 얼굴을 만지거나 팔짱을 껴서 팔과 가슴의 접촉을 느낀다. 하지만 자신의 불안을 치유하는 동작이 상대방에게 나는 지금 불안하다는 메시지를 내보내는 것이라면 어떨까?

대화할 때 상대방과 나는 맞댄 거울이다. 불안은 상대방에게 영향을 주고, 불안해하는 상대방의 모습을 본다면 더욱 더 불안해질 것이다. 이 연쇄 작용을 일으키고 싶지 않다면, 불안한 메시지를 주는 동작을 하지 말아야 한다.

팔짱을 낀 것을 깨달았다면 즉시 팔을 풀자. 그러고는 뭔가 긴장을 풀기 위한 행동을 해 보자.

너무 자주 혹은 빠르게
고개를 끄덕이지 마라

상대방의 이야기에 맞춰 고개를 끄덕이는 행동은 이야기를 이해하고 있다는 것을 상대방에게 전달해 대화를 원활하게 한다.

그런데 개중에는 얼굴을 위아래로 빠르게 흔드는 사람이 있다. 또한 자신이 한 이야기에 대해서 빠른 속도로 고개를 끄덕이기도 한다. 한 번 끄덕인 것만으로는 부족하다고 느껴서 강조하려던 것이 버릇이 된 것일 수도 있다.

그렇게까지 격하게 고개를 끄덕이지 않아도 한 번이면 충분히 되는데, 네 번에서 여덟 번 정도 끄덕이는 것이 버릇이 된 사람도 있다.

버릇이 되었기 때문에 본인은 신경 쓰지 않겠지만, 상대방에게는 지나치다는 인상이나 부자연스러운 느낌을 줄 수도 있으니 삼가는 편이 좋다. 특히 빠른 속도로 고개를 흔들면 산만해 보이고, 이로 말미암아 상대방은 피곤함을 느낄수 있다. 따라서 그렇게 격하게 고개를 끄덕일 필요는 없다.

맞장구는 대화의 틈이나 리듬에 맞춰서 치는 것이 중요하다. 이야기가 끊어질 때나 결론, 중요한 포인트에서 고개를 끄덕이면 된다.

내용을 이해하면 그 내용에 맞게 고개를 끄덕일 수 있다. 하지만 내용을 이해하지 못하면 엉뚱한 타이밍에 고개를 끄덕일 것이다. 그렇게 하면 대화는 활기를 잃고 만다.

몸을 흔드는 것은
부자연스러운 '실례'다

이따금 그 자리에 흐르는 BGM에 반응해 몸으로 리듬을 타는 사람이 있다.

혼자서 음악을 즐기는 것이라면 상관없지만, 다른 사람과 대화할 때 몸을 흔드는 것은 매우 부자연스럽다. 또한 그것은 실례다.

개중에는 음악이 흐르지 않는데도 머릿속에 흐르는 음악이나 리듬에 맞춰 몸을 흔드는 사람도 있다. 그런 태도는 대화에 집중하지 않는 것처럼 보이므로 삼가야 한다.

특히 음악을 좋아하는 사람은 그런 행동을 할 가능성이 높으니 주의하도록 하자.

Chapter

11

행복감을 높이는 말을 덧붙여라

표정이나 동작으로 표현된 감정 에너지에 말을 곱하면, 그 감정 에너지는 증폭되어 전해진다. 반대로 말로 하지 않으면 감정이 격해져도 구체적으로 어떤 감정인지 제대로 전해지지 않는다. 감정에 말을 곱해야 의미 있는 의사소통을 할 수 있다.

감정 에너지에
'말'을 곱하라

지금까지 대화할 때 상대의 호감을 얻기 위한 표정과 동작에 대해 설명했다. 이제부터는 말에 대해 다루고자 한다.

대화를 시작할 때 처음 3초를 잘 극복하기 위해서는 대화의 시작 패턴을 준비해 놓아야 한다.

준비해 놓아야 할 패턴은 세 가지다.

표정과 자세, 동작은 감정을 표현한다. 감정은 내면에서 느끼는 것이며, 눈에 보이지 않는다. 하지만 표정이나 자세, 동작을 통해 밖으로 나타나기도 한다.

한편, '말'은 감정은 물론 사고도 표현할 수 있다.

표정이나 동작으로 표현된 감정 에너지에 말을 곱하면, 그 감정 에너지는 증폭되어 전해진다.

반대로 말로 하지 않으면 감정이 격해져도 구체적으로 어떤 감정인지 제대로 전해지지 않는다. 감정에 말을 곱해야 의미 있는 의사소통을 할 수 있다.

함께 행복해지는 데
필요한 3가지 원칙

상대방의 호감을 얻기 위한 표정과 동작을 갖추었다고 하자. 이제 어떤 '말'을 덧붙여야 할까?

이 책의 주제는 '뻔뻔하게 말해도 마음을 얻는 대화법'이므로 상대방과 좋은 관계를 구축할 수 있도록 분위기를 조성해야 한다. 당연한 말이지만, 갑자기 상대방을 비판하거나 헐뜯는 등의 방법으로는 좋은 관계를 만들 수 없다.

상대방과 내 기분을 좋게 만드는 것에 대해 생각해 보자.

이런 것도 막상 생각하려면 어렵다. 그러니 단순하게 생각하자. 함께 행복해질 수 있도록 계속 말하면 된다고 생각하면 틀림없다.

'하지만 행복을 느끼는 지점은 저마다 다르지 않나?'

걱정할 필요가 없다. 행복을 느끼는 지점은 저마다 다르지만, 행복의 공통 원칙이라는 것이 있다. 그것은 다음의 세 가지다.

- 자신을 좋아한다.
- 타인을 신뢰할 수 있다.
- 자신은 누군가에게 도움이 된다.

이는 오스트리아의 심리학자 알프레드 아들러(Alfred Adler)가 '공동체 감각'이라고 부른 개념을 3원칙으로 정리한 것이다. 이 3원칙이 충족되지 않으면, 사람은 행복을 실감할 수 없다.

자신을 매우 좋아하고, 다른 사람을 믿을 수 있으며, 자신이 누군가에게 도움이 된다고 생각한다면 모두가 행복을 느낄 수 있다. 그러므로 대화를 통해 이 3원칙을 충족시키도록 행동하면 된다.

- 상대방이 자신을 좋아할 수 있도록 행동한다.
- 상대방이 타인은 신뢰할 수 있는 존재라고 생각할 수 있도록 행동한다.
- 상대방이 자신은 누군가에게 도움이 된다고 생각할 수 있도록 행동한다.

행복감을 위한 행동은 '칭찬', '인사치레', '아첨'하는 것과는 다르다. 앞에서 제시한 3원칙이 충족되도록 행동하는 것이 이상적이다.

지금부터 이 원칙을 대화 속에서 활용하는 방법을 소개하겠다.

"당신의 말은 들을 가치가 있네요."

대화할 때 고개를 끄덕이면 상대방의 이야기를 듣고 있음을 표현할 수 있다.

상대방의 이야기를 경청한다는 것은 그 사람의 이야기가 가치가 있거나 들을 만하다고 느끼기 때문에 가능한 일이다.

'당신의 이야기는 들을 만한 가치가 있다.'
'당신에게는 가치가 있다.'

이런 메시지를 보낼 수 있는 것이다. 자신의 이야기 또는 자신에게 가치가 있다는 메시지를 받으면 상대방은 자긍심을 가지게 될 것이다.

반대로 딴 곳을 보면서 "흐음, 그래?"라고 건성으로 대답하면 어떨까?

당신의 말은 제대로 들어 줄 가치가 없다는 메시지를 보내는 것이다. 그런 메시지를 받으면 상대방은 자신에게 가치가 없다고 느낄 수 있다. 이렇게 되면 상대방의 행복감이 낮아진다.

"네, 그렇군요." 등의 짧은 말을 덧붙이며 고개를 끄덕여 주면, 말하는 사람 입장에서는 상대방이 자신의 이야기를 이해해 주고 있다는 기분이 든다.

하지만 "그래, 그래, 그래…….", "응, 응, 응……." 등의 말을 지나치게 반복하면 오히려 귀에 거슬린다. 이 경우 상대방이 이야기를 방해받은 것처럼 느끼거나 이야기를 빨리 끝내 달라는 느낌을 받으므로 주의가 필요하다.

"그래, 그래, 그래……."라고 가벼운 대답을 반복하는 의도는 대체로 다음 중 하나다.

1. 잘 알고 있다는 의사 표시

2. 잊고 있었지만 생각나서 잘 안다는 의사 표시

3. 하고 싶어 하는 말을 잘 알았으니 마지막까지 듣지 않
   아도 된다는 의사 표시

4. 상대방의 말을 중간에 끊고 싶다는 의사 표시

5. 단순히 습관일 뿐 딱히 의도가 없는 경우

1번부터 4번까지는 상대방이 받는 인상을 깊이 고려하지 않은 행위라고 할 수 있다.

1번의 경우 상대방이 열심히 설명하고 있는데 당신이 이런 의사를 표현한다면, 상대방은 자신이 얕보였다고 느낄 수 있다.

2번의 경우 알고 있다는 마음이 상대방에게 전해져도, 정말로 그것이 상대방이 하고 싶은 말과 같은지 알 수 없다. 지레짐작해 기쁘지 않다고 느낄지 모른다.

3번과 4번의 경우 상대방의 이야기를 끝까지 듣고 싶은 마음이 없다는 강한 의사가 전해질 수 있다. 이로 말미암아 상대방은 불쾌한 기분을 느끼게 된다.

자신의 말과 행동이 주는 영향력에 자각이 없는 5번의 경

우 또한 상대방에게는 1번부터 4번과 같이 전해져 불쾌한 기분을 느끼게 할 수 있다.

대화할 때 이와 같은 행위를 하게 되면, 결코 상대방의 호감을 얻을 수 없다.

거절의 말에도
상대에 대한 '배려'를 담아라

예를 들어, 아이가 다니는 초등학교에서 학부모회 임원을 맡아 달라는 권유를 받았다면 어떻게 대응해야 할까?

"네, 네."라며 가볍게 넘겨받았다고 하자.

그렇게 하면 상대방 입장에서는 맡아 주었다고 생각하면서도 남의 이야기를 가볍게 본다고 느낄 수도 있다. 이 경우 당신이 임원을 맡았다 해도 이 사람은 남의 이야기를 가볍게 받아들이니까 일을 똑바로 해 주지 않을 거라는 의심의 눈초리를 받을지도 모른다.

또한 당신이 "네, 네."라고 대답했지만 결국 임원 역할을 거절한다면 비난을 더 많이 받을 것이다. 학부모회 임원을 맡아 달라고 의뢰하는 사람은 필사적으로 제의했는데, 그것을 가볍게 보거나 무시하는 일이 생기면 냉담하게 볼 것이 뻔하다.

그렇게 되지 않으려면 어떻게 해야 할까?

일단 상대방의 의뢰를 확실히 받아들이자. 웃는 얼굴로 바른 자세를 취하며 상대방의 눈을 보고 이야기를 들어야 한다. 그리고 상대방과 어떤 관계를 맺고 싶은지 떠올려 본다. 그런 다음 기분을 가다듬고 말을 꺼낸다. 제안을 받아들이는 것이 현실적으로 무리라면, 그 근거에 대해 분명히 말하자.

"고맙습니다. 지금까지 여러분의 학부모회 활동을 보면서 늘 머리가 숙여졌습니다. 이번 제안은 매우 영광이지만, 공교롭게도 받아들일 수 없습니다. 사실 임신해 가을 무렵에 출산 예정이라서요."

이렇게 명백한 이유가 있을 경우라도 확실히 좋은 관계를 유지하고 싶은 마음이 있다면 그 마음을 전해야 한다. 임신 중이라서 받아들일 수 없어 다행이라고 생각한다면, 그런 마음이 자신도 모르게 나타나 상대방이 서운함을 느낄 것이다.

문제는 명백한 이유가 없는데 거절하고 싶을 때다.

이럴 경우에는 거절해도 좋은 관계를 구축하면 어떤 기분일지 생각해 보고, 기분을 선택한 뒤 전하고 싶은 말을 정리하자.

- 성실한 태도를 보이고 싶다.
- 제안을 받아들일 수 없지만, 좋은 관계를 유지하고 싶다.
- 내 사정을 이해시킨다.
- 만약에 제안을 받아들인다고 해도 할 수 있는 업무량은 한정되어 있다.
- 기분 좋게 내 거절을 이해시킨다.

양해해 줘서 기쁘다는 기분이 거절의 결말이라고 하자. 그런 기분을 먼저 느껴 보는 것이다. 그런 다음 말을 꺼내도록 하자.

"말씀은 잘 알겠습니다. 누군가가 학부모회 임원을 맡아야 아이들을 지원할 수 있지요. 지금까지 여러분의 활동을 봐 왔고, 감사한 마음에 저도 도움을 드려야 한다고 생각했습니다. 그래서 이번 제안을 듣고 이번에야말로 도움이 될 기회라고 생각해 매우 기분이 좋았습니다. 그런데 공교롭게도 다른 일이 생겨 시간이 부족한 상태입니다. 자세한 내용을 말씀드리기는 어렵지만, 올해는 아마 휴가조차 얻지 못할 정도로 바쁠 것 같습니다. 학부모회 활동의 의의는 충분히 이해했지만, 참여할 수 없을 것 같아 유감스럽게 생각합니다. 혹 메일로 소통한다든지 데이터 정리 등을 맡겨 주시면 가능할 것 같기도 합니다. 그런 형태로라도 괜찮다면 이번 일을 맡을 수도 있습니다."

중요한 점은 거절하면서도 최대한 돕고 싶은 마음을 전해야 한다는 것이다.

의뢰 사항은 받아들이느냐 마느냐, 즉 '모 아니면 도'의 선택을 요구하는데, 당신이 부분적으로나마 그것이 가능하다고 한다면 상대방에 대한 배려를 전할 수도 있다.

상대방은 상대방의 기준에서 말한다고 해도 당신은 당신의 기준으로 말해 보는 것이다. 그래서 결과적으로 잘 합의가 된다면, 그것이야말로 가장 바람직한 경우가 아닐까?

상대방의 장점을
'깊이' 느낀 후 표현하라

상대방이 자신을 좋아하도록 이끌려면, 상대방의 장점을 깨닫게 하는 것이 매우 효과적이다. 상대방의 훌륭한 점을 알게 되면 말로 표현한다. 상대방의 장점을 적극적으로 찾아서 말해 보자.

"당신은 이런 점이 훌륭합니다."라고 말하기만 하면 될까? 그렇지 않다. 말을 잘못하면 상대방은 자칫 평가받는 기분이 들 수도 있다.

평가하는 말은 평가자와 피평가자라는 입장의 차이를 만

들어 평가자가 위이고 피평가자가 아래라는, 즉 권위의 차이를 느끼게 한다. 이른바 '명령하는 듯한 태도'를 느끼게 하는 것은 좋지 않다.

그렇다면 상대방이 평가받는 것처럼 느끼지 않게 하면서 장점을 말하려면 어떻게 해야 할까?

상대방의 장점을 찾았다면, 일단 그 장점을 깊이 느껴 보는 것이 좋다. 장점을 깊이 느끼지 않고 지적하면 감정이 움직이지 않으므로 말에 기분이 실리지 않고 그저 피상적으로 전해진다.

먼저 장점을 느끼고 그 느낌을 확실히 말로 표현하면 진정성이 느껴지는 말이 된다. 장점을 느끼지도 않고 좋다고 하는 것은 먹지도 않은 요리를 맛있다고 하는 것과 같다. 모든 것을 먹지 않아도 한 입만 제대로 맛보면 진심으로 맛있다는 기분을 전달할 수 있다.

마찬가지로 상대방의 일부분이라도 장점을 제대로 느끼면 진심으로 "좋네요."라고 전달할 수 있다.

상대방의 옷 스타일이 좋다면, 먼저 그 장점을 느껴 보자.

색을 잘 사용하거나 구색을 잘 맞추거나 소재가 좋다는 등 여러 가지가 있을 것이다. 그런 장점들을 느껴 보는 것이다. 그리고 자신의 기분이 좋아졌을 때 그 기분을 말에 더해 "우와, 그 조합은 정말 멋지네요!" 하고 전달하자.

당신의 표정이나 말의 느낌도 진정성이나 놀람을 더해 줄 것이다. 실감이 동반된 말은 거짓 없는 말로 받아들여진다.

상대방의 좋은 점을 찾아도 제대로 느끼기 전에 말로 표현하면 그저 피상적으로 전해질 뿐이다. 그러니 일단 음미한 후에 말로 표현하는 버릇을 들여 보기 바란다.

그것을 느낄 시간은 고작 3초라도 상관없다. 그리고 천천히 "좋네요."라는 말을 전해 보는 것이다. 그러면 상대방은 좋은 기분을 느끼게 될 것이다.

원활한 인간관계를 위해
'호의'를 전하라

호의를 스스럼없이 전할 수 있는 사람과 그렇지 못한 사람이 있다. 스스럼없이 전할 수 있는 사람은 언제든지 "좋아합니다."라고 할 수 있지만, 그렇지 못한 사람은 말이 입에 붙지 않아서 좀처럼 좋아한다고 말할 수 없다.

좋아한다는 말을 듣고 확실히 멋쩍은 경우도 있는가 하면 싫어하는 이성에게서 "좋아합니다."라는 말을 듣고 곤혹스러워하는 경우도 있을 것이다.

지인 중에 마음에 드는 것이 있으면 즉시 "좋아해요!"라고 말하는 여성이 있다. 그녀는 언젠가 주어를 생략하고 갑자기 그렇게 말한 탓에 이성으로부터 마음이 있다고 오해받은 적이 있다고 했다.

　좋아한다고 해서 오해받는 경우도 있지만, 기분 나빠 하는 경우도 있다.

　"오해받으니까 좋아한다고 말하고 싶지 않아요."라고 하는 사람도 있다. 하지만 그렇다고 해서 좋아한다고 말하지 않는 것은 안타까운 일이다. 호의를 전하는 것은 인간관계를 원활하게 해 주기 때문이다.

　예를 들어, 어떤 의뢰를 거절할 경우 그냥 거절하기보다 "당신을 좋아해서 꼭 힘이 되고 싶지만, 아무래도 사정이 안 되어서……." 등의 말을 덧붙이기만 해도 인상이 달라지지 않을까?

'무거운 좋아함'보다는
'가벼운 좋아함'으로

상대방이 좋아한다고 말하면 거부감을 느끼는 사람이 있다. 그 이유는 무엇일까?

그것은 그 말이 하나가 아니기 때문이다. 사실 '좋아함'에는 '가벼운 좋아함'과 '무거운 좋아함'이 있다.

'가벼운 좋아함'이란 상대방과의 사이에 공통으로 이해하는 점이 있어서 일부러 동의를 얻지 않아도 상관없다는 기분으로 말할 수 있는, 즉 개방적인 '좋아함'이다.

예를 들어, 축구 선수에 관한 대화를 나눈다고 하자. 축구에 대해 서로 아는 사람끼리 자신이 좋아하는 축구 선수를 좋아한다고 한 것이다. 이 경우 자신의 취향을 말한 것뿐이므로 동의를 얻을 필요는 없다.

그래도 같은 선수를 좋아한다면 공통점을 찾을 수 있어서 상대방과의 거리가 줄어들고 분명 신이 날 것이다. 상대방이 다른 선수를 좋아한다 해도 상관없다. 이런 경우가 바로 '가벼운 좋아함'이다.

이와 마찬가지로 상대방의 바람직한 부분을 말로 표현할 수 있다면 좋은 인상을 줄 수 있다. 상대방이 신은 신발을 가리키며 "그 신발 멋지네요. 저도 그런 신발 좋아합니다."라고 말해 보는 것이다. 자신은 그 신발이 멋지다고 생각했고, 단지 그 감상을 말한 것이다. 이것이 '가벼운 좋아함'이다.

"머리 잘랐네요! 전 그런 헤어스타일을 좋아해요!"

이것도 단순히 자신의 감상으로 전할 경우 '가벼운 좋아함'에 해당한다. 상대방은 "어머, 정말이요? 전 너무 짧아져서 실망했어요!"라고 반론할지도 모르지만, 어쨌든 자신이 좋다고 여기는 것만 전하면 '가벼운 좋아함'에 속한다.

"그렇지 않다니까요. 진짜 멋있어요! 잘 어울리네요!"라고 한 번 더 말해도 좋을 수 있지만, 상대방의 의견까지 뒤집으려 하면 가볍지 않게 된다. 단순한 감상 표현이 설득으로 바뀌기 때문이다.

어디까지나 당신의 감상을 전달하는 수준에서 멈추면 '가벼운 좋아함'을 전할 수 있다.

상대방 입장에서는 '이 헤어스타일은 본의가 아니었어. 하지만 다른 사람에게는 좋게 보일지도 몰라.' 하는 긍정적인 기분이 든다. 이렇게 되면 상대방은 자신감이 조금씩 생기게 된다.

한편, '가벼운 좋아함'과는 달리 '무거운 좋아함'은 상대방과의 사이에 공통으로 이해하는 점이 없어도 동의를 강요하는 '좋아함'이다. 마치 '좋아함'을 강매하는 것과 같다.

예를 들어, 상대방이 그다지 내켜 하지 않는데도 계속 정치에 관해 논하는 데다 이 정당이 좋다, 저 정치가가 좋다는 식으로 상대방에게 강요하면 어떨까?

본인은 괜찮다고 생각해 좋아할지도 모르겠지만, 상대방에게 똑같이 좋아하라고 강요하는 것은 민폐다. 이것이 바로 '무거운 좋아함', 즉 구속적인 좋아함이다.

싫어하는 사람이 "당신을 좋아합니다."라고 해도 이것이 '가벼운 좋아함'이라면 괜찮지만, "당신을 좋아합니다. 그러니 나도 좋아해 주세요."라고 강요하면 달갑지 않은 말이 된다. 오히려 상대방이 부담이나 공포를 느끼게 된다.

'가벼운 좋아함'일 경우에는 산뜻하게 전할 수 있다. 전달받은 사람도 기분 나쁘지 않고, 오히려 조금이라도 행복해질 가능성이 있다.

아무쪼록 '무거운 좋아함'이 되지 않도록 주의하자.

제삼자의 칭찬을
가볍게 전하라

상대방에게 직접 호의를 전하는 '가벼운 좋아함'도 상대방의 행복감을 올려 주는 데 효과적이지만, 때와 상황에 따라서는 그보다 더 효과적인 방법이 있다.

바로 제삼자의 칭찬을 가볍게 전하는 방법이다.

예를 들어, 다른 누군가가 상대방이 일하는 모습을 보고 칭찬했다고 하자. 그럴 때 "A씨가 당신을 보고 열심히 일하는 모습이 대단하다고 했어요."라고 제삼자의 말을 전하는 것이다.

이 방법이 자신의 호의를 직접 전하는 것보다 더 효과적인 이유는 무엇일까?

먼저 제삼자인 A씨가 상대방이 훌륭하다고 했다는 내용이 상대방에게 영향을 준다. 더불어 전해 들은 내용을 직접 전하는 당신도 그 의견에 동의한다는 뜻도 넌지시 던져졌다.

제삼자와 당신이 전하는 내용에 동의했다. 적어도 두 사람이 상대방의 가치를 인정한 것이다. 혼자보다 둘. 칭찬이 배로 늘어났기 때문에 한층 더 효과적이다. 게다가 그 자리에 없는 제삼자의 등장은 칭찬에 참여한 또 다른 다수의 사람이 있는 것 같은 느낌을 심어 줄 수 있다. 즉, 칭찬이 몇 배로 늘어나는 효과를 발휘한다.

예를 들어, 이웃 아이 엄마가 집에서 연 바비큐 파티에 초대받았다고 하자.

하지만 당신은 그 집에 놀러 가면 당신의 집에도 초대해야 한다고 생각하며 우울해진다. 그 집은 넓어서 괜찮지만, 당신의 집은 좁아서 다른 사람들을 초대하기가 여러모로 부담스럽게 느껴지는 것이다.

여기서 모호하게 대답한다고 좋을 것은 없다. 사실은 어떻게 하고 싶은지 생각해 보자.

> • 아이들끼리는 친하게 잘 지내기 때문에 좋은 관계는
>   유지하고 싶다.
> • 공원에서 함께 놀면 된다.
> • 가고 싶지 않다고 대답할 수도 없고, 그렇다고 가겠다
>   고 대답하고 싶지도 않다.

여기서 다른 이웃 아이 엄마가 이전에 참석한 바비큐 파티가 즐거웠다고 말했던 것이 생각난다면 어떨까? 상대방에 대한 제삼자의 칭찬을 이용할 수 있다.

"B의 엄마한테 들었는데, 지난번 바비큐 파티도 엄청 즐거웠다면서요. 댁의 정원에서 매우 멋진 시간을 보냈다고 했어요. 하지만 미안합니다. 이번에 선약이 있어서 참가할 수 없어요. 초대해 줘서 고맙습니다."

이렇게 상대방의 행복감을 올려 주기 위해 제삼자의 칭찬을 끼워 넣는 것이다. 거절했다고 해도 오히려 더 좋은 관계를 구축할 수도 있다.

하지만 비판의 경우에는 제삼자의 말을 전하면 오히려 역효과가 난다. 이런 경우에도 비판의 힘이 배로 증가하기 때문이다. 이 점에 주의하자.

다른 사람을 거쳐
자신의 칭찬을 전하라

제삼자의 칭찬을 전하면 상대방에 대한 좋은 영향이 배로 증가하는 구조를 살펴보았다. 이를 응용하면 당신이 상대방에게 직접 좋아하는 마음을 전하는 것보다 더 효과적인 방법을 알 수 있게 된다.

가령 친한 사람인 D씨로 하여금 C씨에 대한 당신의 생각을 전하게 하는 것이다.
"D씨, C씨의 일하는 모습은 정말 대단하지 않나요? 늘 성실하게 고객을 대해서 감탄했습니다. 저도 C씨처럼 산뜻하게 고객을 맞고 싶다고 늘 생각해요."

이렇게 전하면 D씨는 C씨와 사이가 좋으므로 당신이 한 말을 C씨에게 전할 것이다. 그렇게 하면 C씨는 당신과 D씨가 그 의견에 동의했다고 받아들일 것이다. 혼자보다 둘. 당신의 의견을 배로 늘려서 전할 수 있다.

그런데 D씨는 당신의 말을 잊어버리고 전하지 않을 수도 있다. 이럴 때는 "이번에 만나면 꼭 전해 줘요." 등의 말을 덧붙이는 것도 좋다.

상대방의 장점을 가는 곳마다 말하면, 전달 경로가 여러 개로 늘어나서 한층 더 쉽게 본인에게 전해진다. 단, 이것도 '가벼운 좋아함'이어야 한다.

그렇지 않으면 말을 전해 들은 사람의 기분이 나빠질 수 있다. "너도 그 사람을 좋아하도록 해." 식의 '무거운 좋아함'이 되면 오히려 역효과가 난다.

상대방이 속마음을
말로 표현하게 만들어라

상대방의 행복감을 끌어올려 주면 관계가 좋아진다. 가령 쌓인 불만이나 생각한 바를 말로 털어놓게 해 주면 상대방은 매우 좋아한다.

많은 사람이 이 말은 하면 안 된다는 식의 기준이 있어서 그냥 가슴속에 담아 둘 때가 있다. 만약 상대방에게 진심으로 다가가서 상대방의 말을 경청하고 속마음을 말로 하게 할 수 있다면, 상대방은 속이 매우 후련해질 것이다.

부탁하고 싶은 상대방이 있다고 하자. 하지만 뭔가 고민하는 듯해서 내 부탁을 말할 수 있는 분위기가 아니다. 그렇다면 먼저 상대방의 고민을 들어 주는 것이다.

"말해도 어쩔 수 없지만, 원래 이 프로젝트는 사장님 아이디어잖아요……. 열심히 추진하겠다는 사람이 없지 않습니까? 부장님도 사장님만 바라보고……."

당신이 의견을 내지 말고 잘 들어 주면, 상대방은 평소에 표현하지 못한 생각을 말할 수 있다.

가슴속에 숨기고 있는 것은,

- 분노
- 슬픔
- 괴로움
- 초조

등의 감정일 수 있다. 당신이 편안한 장소에서 상대방의 말을 성심성의껏 경청하고 다른 사람에게 말하지 않겠다는 믿음을 주고 있다면, 상대방으로 하여금 감정을 토해 내게 하자.

"불평을 들어 줘서 고마워요."라고 말할지도 모른다.

부정적인 생각을 부추기거나 함께 불평하면 정말로 불평불만 대회가 되지만, 누군가가 확실히 받아 준 경우에는 단순한 불평으로 끝나지 않고 마음이 정리된다. 또한 자기 긍정감이 높아진다.

독을 토해 내고 후련해진 후 반대 감정에 대해서도 말로 내뱉게 할 수 있다면 더욱 완벽하다. 예를 들어 보자.

"상당히 힘든 상태군요. 그럼 어떻게 되면 좋겠어요? 괜찮다면 프로젝트에 대한 당신의 생각을 말해 줄래요?"

이런 식으로 물어보는 것이다.

"사실은 고품질 고수익 상품을 개발하고 싶었어요. 잘만 하면 업계에 새바람을 불어넣을 정도로 영향력이 있을 겁니다. 회사 전체의 수익 개선으로 연결하고 싶었습니다."

이렇게 긍정적인 생각을 끌어낼 수도 있다.

상대방이 가슴속의 응어리를 토해 내 후련해지고 긍정적인 마음이 들었다면, 그제야 당신은 부탁할 수 있는 것이다.

"그런가요? 아직 늦지 않았어요! 회사 전체의 수익을 개선하기 위해 열심히 합시다. 그러기 위해서 할 수 있는 일은 아직 더 있을 겁니다. 연관성이 있는지는 모르겠지만, 제가 담당하는 상품의 개선 제안이 있어요. 꼭 의견을 듣고 싶은데 어떠십니까?"

상대방 입장에서는 당신이 자신의 생각을 확실히 받아 주었다는 빚도 있고 긍정적인 기분이 되었으므로 당신의 부탁을 함부로 거절하는 일은 없을 것이다.

상대방과의 '공통점'으로
거리를 좁혀라

처음 만난 사람과 대화를 나누다가 우연히 출신지 이야기가 나왔는데, 서로 고향이 같아 금세 의기투합했던 경험이 있는가?

출신지가 다르더라도 같은 학교 출신이거나 취미가 같거나 학창 시절에 똑같은 클럽 활동을 했던 경우라도 좋다.

사람은 공통점을 찾으면, 그 순간 심리적인 거리가 가까워진다.

내가 회사원이던 시절, 모든 사람이 예뻐하는 E씨라는 후

배 여성이 있었다. 그녀는 내 말에 기쁜 듯이 웃으며 "아, 알아요! ○○잖아요!"라고 맞장구를 쳐 주곤 했다. 그녀와 대화를 나누는 상대방은 이렇게 공감해 주는 반응에 기분이 좋아져서 자신도 모르게 말이 많아졌다.

어느 날, 나는 E씨에게 물었다.

"E씨는 뭐든지 아는구나!"

하지만 E씨는 전혀 그렇지 않다고 고개를 내저으며 말했다. 상대방의 이야기를 들은 후 최대한 그 정보와 관련한 것을 찾아낸다는 것이다.

예를 들어, 자신이 잘 모르는 것이어도 지인이 그것에 흥미가 있었다거나, 부모가 좋아했다거나, TV 등에서 접한 적이 있거나 하면 그 기억의 파편들을 살려서 말하는 식이다.

그녀는 그 지식의 파편을 찾는 것이 월등히 빨랐다. 그래서 대화 상대는 그녀의 장단에 맞춰서 기분 좋게 이야기를 진행할 수 있었다.

자신이 말하는 내용을 상대방이 전혀 이해하지 못하면 계속 말하기가 어려워진다. 반대로 상대방이 이해해서 받아들인다고 느끼면 얼마든지 이야기할 수 있고 공감대를 넓힐 수 있다.

대화가 활기를 띤다는 것은 공통 사항을 바탕으로 서로의 의견을 말하고 서로 받아들이며 상대방이 아는 것과 모르는 것을 섞어서 이야기를 나눈다는 뜻이다. 전제는 상대방의 말을 받아들인다는 것이다.

이는 하기 힘든 말을 하려고 할 때도 효과적이다.

예를 들어, 처음 만난 사람과 대화를 나누다가 나이, 가족 구성, 일 등 개인적인 정보를 알고 싶지만 물어보기 어려운 경우가 있을 것이다.

그럴 때도 공통점을 찾자. 출신 대학이 같거나 자주 이용하는 역이 똑같았다는 식으로 공통점을 찾으면, 그것을 계기로 해서 "그런데 이야기를 나누다 보니 어쩐지 비슷한 세대인 것 같은데 몇 살인가요?"라는 식으로 자연스럽게 물어볼 수 있다.

어떤 것이든 상관없다. 위기 상황일수록 공통점을 찾자.

공통점을 찾으려면
이 비법을 활용하라

앞서 말했듯이 대화를 나눌 때 상대방과의 공통점을 찾으면, 심리적으로 빠르게 가까워져 친밀한 대화가 가능해진다.

'그 사람에 대해 아는 것이 전혀 없는데, 무슨 말을 하면 좋을까?'

이렇게 고민할 경우 다음의 '10가지 분야별 화제 시트'를 참고해 보자. 상대방과의 공통점을 찾고 공감대를 넓히는 데 도움이 될 것이다.

☆☆☆☆☆

10가지 분야별 화제 시트 (분야: 주제 / "대화 예시")

01 자기 성장, 학문: 자기 계발, 학습, 독서, 세미나, 학습회

"최근에 인상적으로 읽은 책이 있나요?"

02 재미, 오락: 취미, 기호, 놀이, 레크리에이션

"요즘에 빠져 있는 취미가 있나요?"

03 휴양, 긴장 해소: 요양, 수면, 휴일

"바빠 보이는데 휴가는 다녀왔나요?"

04 건강: 몸 상태, 질환, 절제, 운동, 다이어트

"요즘 몸 관리 어떻게 하시나요?"

05 인간관계(친밀감이 있는 상대): 가족, 반려자, 애인, 스승, 친구

"아이가 몇 살인가요?"

06 인간관계(일반적인 상대): 일, 지역, 거래처, 동호회

"참여하는 동호회에는 어떤 사람들이 있습니까?"

07 일, 공헌: 비즈니스, 자원봉사

"요즘 어떤 일에 몰두하고 있습니까?"

08 금전: 수입, 용돈, 자금

"요즘 지출이 많네요. 가계부는 쓰시나요?"

09 생활 환경: 의식주, 소지품, 지역, 출퇴근 환경

"집이 어느 쪽이라고 하셨나요?"

10 조직 환경: 기업, 사회 활동, 업무상의 환경, 시스템, 제도, 비품

"최근 회사 내 보안이 엄격해졌네요."

또한 아래에 제시한 '첫 질문을 위한 힌트'를 잘 외워 두면, 공통된 화제가 있는지 알 수 있을 것이다.

계절이나 날씨는 관심이 높은 주제이며 상대방도 똑같은 경험을 공유하므로 대화의 계기로는 나쁘지 않다. 친한 상대일 경우에는 취미에 대해 대화하는 것도 좋다.

"취미가 뭔가요?", "휴일에는 어떤 일을 하며 지내시나요?"라는 식으로 물어보고 상대방의 취미를 기억해 두면, 이후 그 취미와 관련한 이야기를 나누면서 상대방의 호감을 얻을 수 있을 것이다.

첫 질문을 위한 힌트

- 계절, 날씨, 기후
- 취미, 예술, 스포츠
- 뉴스, 시사 문제, 소문, 가십
- 여행, 출장
- 가족, 가정
- 건강, 미용, 운동
- 일, 자원봉사
- 의복, 패션
- 식사, 다이어트, 술
- 주거

친밀감을 높이기 위해
'꼭' 필요한 질문들

　꿈 실현 응원 코칭에서는 상대방의 긴장을 풀어 주기 위해서 늘 처음에 물어보는 말이 있다. 여러분도 상대방과 친밀감을 형성하기 위한 아래 질문을 외워 두고 활용해 보자.

- 재미있었던 일은 무엇인가?
- 성공했던 일은 무엇인가?
- 가슴 깊이 감동받았던 일은 무엇인가?
- 보고 들었던 것은 무엇인가?
- 직접 해 본 일은 무엇인가?
- 깜짝 놀랐던 일은 무엇인가?

예를 들어, 아내가 지방 근무로 떨어져 지내는 남편에게 아이가 공부를 전혀 하지 않으니 집에 돌아오면 혼내 달라고 부탁했다고 하자.

집에 온 남편은 아이에게 이렇게 직접적으로 말했다. "요즘 공부 안 하는 모양인데 어떻게 된 일이야?" 그러자 아이는 "늘 집에 안 계시면서 제가 공부를 하는지 안 하는지 어떻게 아세요?" 하고 마음의 문을 닫아 버렸다.

이때는 기본적인 질문을 사용하면 좋다.

"최근 들어 재밌었던 일이 있었니?"

최대한 대답하는 사람이 자유롭게 답할 수 있도록 묻는 것이 중요하다. 아이의 경우에는 없다고 대답할 수도 있다.

그렇다면 당신에게 일어난 일에 관해 말해 보기 바란다. 당신의 이야기가 재미있으면 일단 그 자리의 분위기가 풀어진다. 그러면 아이는 '아하, 이런 일에 대해 대답하기를 기대하는구나. 뭔가 혼낼 줄 알았는데 그렇지 않은 모양이야.' 하고 안심하는 동시에 대답 범위를 이해할 수 있다. 이렇게 하면 최근에 재미있었던 일이 없었다고 대답한 아이가 "그러고 보니 이런 일이 있었어요."라고 대답하기 쉬워진다.

이런 방식은 하기 힘든 말을 전해야 할 때 본제에 들어가

기 전의 준비 대화로 활용할 수 있다. 상대방의 마음을 풀어
주고 분위기를 누그러뜨려 하기 힘든 말을 전할 준비를 갖추
는 것이다.

이렇듯 위에 제시한 기본적인 질문을 외워 놓으면, 언제
든지 상대방의 기분을 좋게 만들 수 있다. 이는 당신의 주장
을 쉽게 받아들이게 하는 동시에 커뮤니케이션을 원활하게
해 준다.

절대로 치켜세우거나 부추길 필요는 없다. 상대방의 긍정
적인 기분을 겉으로 드러내게 하면 된다. 그러면 어려운 부
탁이나 말도 받아들이기가 쉬워진다.

POINT

- 상대방의 말을 잘 들어 주는 것은 "당신의 말은 가치가 있습
  니다."라는 메시지를 전하는 것과 같다.
- 상대방의 행복감을 올리려면, 제삼자의 칭찬을 활용하는 것이
  가장 좋다.
- 순식간에 상대방과의 거리를 좁히고 싶을 때는 공통점을 찾
  아야 한다.

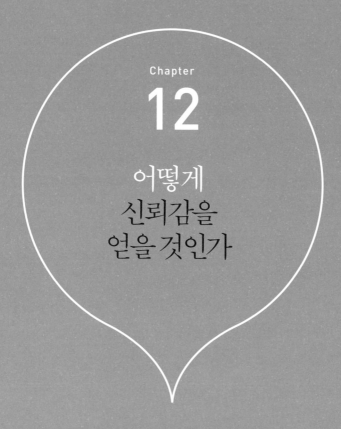

Chapter

12

어떻게
신뢰감을
얻을 것인가

상대방의 행복감을 낮추는 행동을 하면, 당신의 주장은 잘 받아들여지지 않는다. 또한 주장을 받아들이게 했다고 해도 당신에 대한 반감을 증폭시킨다. 상대방은 자기 내면에서 끓어오르는 분노의 감정 때문에 행복감이 낮아지게 될 것이다.

당신에 대한 '믿음'을
제대로 심어 주어라

지금부터 아들러가 주장한 행복의 3원칙 중 하나인 '타인을 신뢰할 수 있다.'에 따른 방법을 소개하고자 한다.

커뮤니케이션을 원활하게 하려면, 상대방의 행복감을 증대시키며 당신이 주장하고 싶은 말을 전해야 한다. 목적을 이루기 위해서는 상대방이 당신을 믿을 만하다고 느끼게 해야 한다.

상대방의 행복감을 낮추는 행동을 하면, 당신의 주장은 잘 받아들여지지 않는다. 또한 주장을 받아들이게 했다고 해도 당신에 대한 반감을 증폭시킨다.

상대방은 자기 내면에서 끓어오르는 분노의 감정 때문에 행복감이 낮아지게 될 것이다. 그러면 당신도 상대방의 분노에너지 때문에 상처를 입어서 역시 행복감이 낮아지게 될 것이다.

감정과 사고와 말과 행동을
일치시켜라

아무리 근무 환경이 좋다고 해도 같이 일하는 직원 모두가 믿을 수 없고 방심할 수 없는 사람뿐이라면 다음과 같이 말하지 않을까?

"이런 직장은 최악이야!"

실제로 최악이라고 불평하는 사람도 많을 것이다. 우리는 혼자서만 행복을 느낄 수 없다. 주위 사람들과 여유롭게 교류하지 못하거나 서로 믿지 못하면 정말로 '최악'이다.

대화 상대에게 있어 타인이란 누구인가?

일단 '당신'이다. 그리고 대화에 참여하지 않는 다른 많은 사람, 즉 '제삼자'다. 대화 상대에게는 당신, 또는 다른 제삼자가 타인이다. 이러한 타인에 대해 신뢰감이 생기면, 대화 상대는 더 큰 행복을 느낄 수 있다.

신뢰감을 느끼게 하려면 어떻게 해야 할까?

간단히 말하자면 말과 행동을 일치시켜야 한다. 구체적으로는 감정과 사고와 말과 행동을 일치시켜야 한다. 이는 성실하다는 뜻이다.

'느낀 것', '생각한 것', '말한 것', '실천한 것'이 일치하면 그 사람은 신뢰를 얻는다.

상사에게 기획안을 제안하는 경우를 예로 들어 보겠다. 당신은 그 기획이 현시점에서 가장 좋은 아이디어라고 느꼈다고 하자. 그렇다면 그 아이디어를 뒷받침할 만한 증거도 있을 것이고, 그렇게 생각하게 된 논리도 명확할 것이다. 게다가 그 기획이 최고인 이유를 말로도 설명할 수 있을 것이다. 또 그렇다면 그 기획을 실현하기 위해서 지금까지 몸소 행동해 온 일이 있을 것이다.

이처럼 누가 봐도 당신의 감정, 사고, 말, 행동이 일치하면, 당신의 기획 제안은 수월하게 전해질 것이다.

내가 취업 활동을 할 때 어느 레코드 회사 면접에서 이런 일이 있었다.

"후지요시 씨는 뮤직비디오를 만들고 싶다고 했군요. 그 말은 영상이나 영화에 흥미가 있다는 뜻인가요? 영화는 자주 보세요?"

"아니요, 영화는 별로 안 봅니다."

나는 비디오를 만들고 싶다고 막연하게 생각하기는 했지만, 당시에는 그다지 명확하지 않았다. 영화도 별로 많이 보지 않았다.

"네? 그렇군요. 지금은 비디오 시대니까요. 비디오로 보지 않나요? 최근에 본 비디오라도 괜찮은데, 좋아하는 영화 음악은 뭔가요?"

비디오 플레이어도 집에 없었기 때문에 비디오로 영화를 보는 일이 없었다. 여기서 대답하지 못하면 곤란하다는 생각이 들었다. 나는 케이블 TV 영화 전문 채널을 가끔 봤었던 기억이 떠올라서 가까스로 대답했다.

"글쎄요. 얼마 전 케이블 TV에서 찰턴 헤스턴의 〈벤허〉를 봤는데 좋았습니다."

"뭐라고요? 〈벤허〉라면 무척 오래된 영화네요."

어이없어 하는 면접관의 얼굴을 보고 결과를 대략 예상할 수 있었다. 당연히 면접시험은 불합격이었다.

면접관은 비디오를 제작하고 싶다면 당연히 영상에 대해 늘 생각하고, 영상에 관해 자세히 말할 수 있으며, 늘 영상을, 특히 영화를 많이 볼 것이라고 생각했을 것이다. 말과 행동이 일치하는지를 본 것이다.

상대방의 말과 행동이 일치하면 그에 대한 신뢰감이 높아진다.

'이 사람은 자신이 한 말을 행동으로 옮기고, 생각한 것도 실행할 것이다. 그렇다면 지금 한 말을 믿어도 되겠지?'

대화 상대는 당신에 대해 이렇게 생각하게 된다.

이처럼 대화 장소에 있는 사람 가운데 자신을 제외한 상대를 믿을 수 있다고 느끼면 역시 행복감이 증가한다.

말과 행동이 일치해야
주장에 힘이 실린다

하기 힘든 말을 할 때는 한층 더 말과 행동이 일치해야 한 다. 말과 행동이 일치하지 않으면, 상대방이 그것을 받아들 일 리가 없다.

이를테면 이런 일이 있지 않은가?

최근 들어 직장에서 야근이 계속되어 더는 못 하겠다고 느꼈다고 하자. 하지만 잘 생각해 보니 일이 많은 것도 사실 이지만, 자신의 주의가 산만해 쓸데없는 일에 정신이 팔리거 나 해서 늦게까지 야근할 수밖에 없었다고 내심 깨달은 상태 라고 하자.

상사는 면담에서 "요즘 들어 늦게까지 일하는데 괜찮나?" 라고 묻는다. 일을 좀 줄여 달라거나 누군가의 지원을 받고 싶다고 희망 사항을 제시할 기회다. 하지만 "아니요, 괜찮습니다."라고 답하고, "그래? 그렇다면 상관없지만."이라고 이야기가 간단히 끝나 버린 것이다.

일에 집중하지 못해서 일이 너무 많다고 말할 수 있는 기분이 아니다. 일이 많다고 하면 상사가 집중해서 일하면 더 빨리 끝날 것이라고 되받아칠 것 같아 부담스럽기도 하다.

결과적으로 기회를 놓쳐서 아무 말도 못 하는 경우가 있지 않은가? 마음속에서 느낀 것, 생각한 것, 말한 것, 실천한 것이 일치해야 무언가 주장할 때 힘이 실린다.

반대로 늘 진지하게 행동하고 집중해서 좋은 결과도 냈다. 때로는 결과가 따라 주지 않는 일이 있었다고 해도 해야 할 일을 확실히 했다고 하자.

이럴 경우에는 "하루의 우선순위를 매겨 가며 일하는데, 최근에는 급한 일도 늘어나서 업무량이 증가하는 경향입니다. 이번 주에는 매일 막차 시간 직전까지 일했습니다. 업무량을 조정해 주시고 업무 지원에 대해 검토해 주십시오." 하고 당당하게 주장할 수 있다.

상사 입장에서도 평소 당신이 일하는 모습을 봤기 때문에 당신의 주장이 당연하다고 받아들일 것이다.

이렇듯 말과 행동이 일치하면, 남들도 이해하고 그것을 받아들인다.

친구가 돈을 빌려 달라고
부탁했을 때

친구가 돈을 빌려 달라고 한다. 하지만 당신은 경제적인 여유가 없어서 이를 거절하고 싶다. 이때도 감정, 사고, 말, 행동이 일치해야 한다.

친구는 필사적으로 매달리며 정에 호소하거나 곧 갚겠다는 등 온갖 방법으로 당신에게 부탁한다.

"지금 네 사정이 심각한 것은 잘 알겠어. 그런데 나도 여유가 전혀 없어."

돈을 빌려줄 만한 여유가 없다면, 명확한 이유를 들며 거절하자.

그렇다면 돈을 빌려줄 수 있는 상황인데, 빌려준 후 문제가 발생해 친구 관계에 금이 가는 것이 싫어서 거절하고 싶은 경우에는 어떨까?

친구는 어떻게 해서든지 돈을 빌리고 싶다고 버틴다. 당신은 빌려줄 수 있다고 생각하지만, 어쩐지 내키지 않아 말을 주저하다 보면 일관성이 떨어져 친구가 더욱 밀어붙일 가능성이 있다.

따라서 방침을 확실히 정해야 한다. 빌려주지 말아야겠다고 생각했다면 빌려주지 못해서 미안하다는 감정을 품고 빌려줄 수 없다고 말해야 한다. 이때 빌려줄 기색을 전혀 보이면 안 된다.

"미안해. 나도 지금은 정말로 여유가 없어. 네가 힘들다는 것은 잘 알지만, 사실 나도 힘들어서 전혀 여유가 없거든."

그리고는 일반적으로 드는 경비 등 빌려줄 수 없는 이유를 확실히 대자. 가족, 부모, 용건, 교제 등 실제로 드는 경비를 예로 들어 경제적인 여유가 없다는 것을 확실하게 보여 주는 것이다.

당신이 흔들리지 않으면 친구도 허점을 이용하지 않을 것이다. 하지만 틈이 있어서 감정과 사고와 말과 행동에 모순이 보인다면 물고 늘어질 것이다.

일단 방침을 정하면 네 가지 요소를 완전히 일치시키기 바란다. 그것이 좋은 친구 관계를 유지하기 위한 태도다.

내 확실한 주장을
누군가의 의견처럼 인용하라

자신의 의견을 말하는 것은 상관없지만 그것의 근거가 억측이거나, 머릿속으로 일방적으로 단정해서 말하거나 판단하면 상대방은 이 사람을 신뢰할 수 없다고 생각한다.

중요하지 않은 이야기를 할 때는 상관없다. 하지만 소극적인 논의는 물론 적극적인 논의를 할 때 이런 태도를 취하면 큰일이 난다. 게다가 논의가 격렬해져서 큰 목소리로 주장할 때일수록 자기도 모르게 이 세 가지 태도를 취하거나 그런 태도를 취하는 것처럼 보이기도 한다.

상대방이 믿어 주지 않으면 대화는 성립하지 않는다.

반대로 그렇게 되지 않기 위해 지나치게 신경을 쓰는 사람도 많다. 너무 걱정한 탓에 다른 사람이 자신을 평가하거나 비판하는 것이 기분 나쁘다고 말하지 못하는 것이다.

자신의 의견을 말할 때 주눅이 드는 유형은 '저 사람이 나를 주제 넘는다고 생각하지 않을까?'라고 느껴서 말하기를 삼간다.

또 어떤 사람은 늘 쓸데없이 한마디를 더해 상대방의 미움을 사기도 한다. 이 경우에는 '직전 정지 화법'을 시도해 볼 것을 추천한다.

'직전 정지 화법'이란 이 의견은 어디까지나 개인적인 생각이라는 것을 전하기 위한 대화법이다. 방법은 한숨을 돌릴 '틈'을 넣는 것과 마지막에 상대방의 의견을 순순히 듣는 것뿐이다.

예를 들어, 부서에서 '신제품 투입'을 안건으로 해야 할지, '잘 팔리는 상품 확대 판매'를 안건으로 해야 할지에 대해 논의한다고 하자.

당신은 '신제품 투입'을 안건으로 해야 한다고 생각한다.

하지만 당신의 선배는 '잘 팔리는 상품 확대 판매' 안건이 좋다고 생각한다. 당신은 '신제품 투입' 안건의 근거로 '소비자 설문 조사 보고서'와 '타사 유사 제품 매출 정보'가 있기 때문에 '신제품 투입' 안건을 선택해야 한다고 생각한다.

자신의 판단이 옳다는 생각이 너무 강해서 "그야 말할 것도 없이 '신제품 투입' 안건이지요. 소비자 설문 조사 보고서와 타사 유사 제품 매출 정보가 있으니 당연합니다!"라고만 말하면 상대방은 당신이 건방지다고 느낄 수 있다.

이때 '직전 정지 화법'을 사용하는 것이다. 당신은 절대적인 확신을 가지고 위의 주장을 말했다고 하자.

그 직후에는 숨을 한번 쉬고 냉정한 말투로 "이런 의견도 있을 텐데 어떻게 생각하십니까?"라고 물어보는 것이다.

이렇듯 숨을 한번 쉬고 "어떻게 생각하십니까?"라고 상대방의 의견을 물어서 그 직전에 말한 당신의 주장을 마치 누군가의 의견을 인용한 것처럼 괄호로 묶는 것이다.

이 '직전 정지 화법'은 어느 곳에서나 쓸 수 있다. 자신의 의견을 제시하면서도 그 자리의 판단은 보류한 채 냉정하게 논의하거나 건설적인 의견을 쌓아 올리자는 분위기를 만들 수 있으므로 추천한다.

일반적으로 코칭에서는 고객에게서 답을 끌어내야 하므로 자신의 의견을 함부로 단언하거나 강요하지 않는다. 하지만 코치도 사람이므로 다양한 의견이 솟아 나온다. 그럴 때 나는 이 '직전 정지 화법'을 사용해서 대화를 원활하게 한다.

"그렇다면 당장 실천해야 합니다!" 의도된 이런 대답이 나왔다면 숨을 한번 쉬고 "이런 생각도 있는데 어떻습니까?"라고 말해 보자. 자신의 의견을 괄호로 묶어 강도를 약하게 하고 상대방에게 판단을 맡기면, 대화 시 호감을 얻는 데 도움이 된다.

POINT

- 상대방의 신뢰를 얻으려면 말과 행동을 일치시켜야 한다.
- '억측'이나 '일방적인 단정', '판단'에 주의해야 한다.
- '직전 정지 화법'을 실천하면 상대방의 호감을 얻는 데 도움이 된다.

Chapter

13

상대방의
자긍심을
높여 주는 방법

누군가에게 도움이 된다고 느낄 때 행복해지는 법이다. 사람은 혼자서
지내더라도 자신이 누군가에게 도움이 된다고 느끼면 내일에 대한 희망
을 가질 수 있다. 또 살아가는 기쁨과 삶의 의미를 발견할 수 있다.

도움이 된다고 느낄 때
기쁘고 행복해진다

누군가에게 도움이 된다고 느낄 때 행복해지는 법이다.

사람은 혼자서 지내더라도 자신이 누군가에게 도움이 된다고 느끼면 내일에 대한 희망을 가질 수 있다. 또 살아가는 기쁨과 삶의 의미를 발견할 수 있다.

당신이 하고 싶은 말을 해야 하거나 하기 힘든 말을 해야 할 때, 그 상위 목적이 누군가에게 도움을 주는 것이라면 부담감이 크게 줄어들 것이다.

또 누군가가 당신 대신 하기 힘든 부탁을 상대방에게 전하며 그것을 들어주면 큰 도움이 될 것이라고 덧붙인다면, 상대방이 느끼는 행복감이 커져서 당신의 부탁을 쉽게 받아 줄 것이다.

이렇듯 대화를 원활하게 하려면 상대방에게 행복감을 심어 주어야 한다.

실수를 지적하면서도
고마움을 전하라

상대방 자신이 누군가에게 도움을 주었다고 느끼게 하려면, 상대방에게 받은 영향과 감사의 마음을 전해야 한다.

늘 열심히 일하는 사람이 있다면, 먼저 그 일하는 모습을 떠올리며 충분히 느껴 보자. 그러고는 그 행동을 보며 받은 좋은 영향에 대해 말로 표현해 보는 것이다.

"늘 열심히 일하시네요. 그 모습을 보고 저도 좀 더 노력해야겠다고 항상 생각합니다."

이런 말을 들은 상대방은 자신이 주위에 좋은 영향을 줘서 다른 사람에게 도움이 된다고 느낄 것이다.

또한 상대방에게서 좋은 영향을 받았다는 말은 늘 당신을 보고 있다는 말이기도 하다. 가치가 없는 존재라면 늘 관심을 기울일 리가 없다. 그래서 늘 좋은 영향을 받는다는 말은 언제나 당신에게는 가치가 있다는 메시지를 전하게 된다. 그 결과 상대방은 자긍심을 느낄 수 있다.

근속 연수나 나이가 늘어 감에 따라 지위가 올라가는 연공서열(年功序列)은 시대에 뒤떨어졌다고 해도 선배는 선배답게 행동하기를 바라는 것이 인정이다. 예를 들어, 신세를 진 선배에게 일을 의뢰했더니 실수투성이였다고 할 경우 그에게 뭐라고 하면 좋을까?

선배가 자신이 실수한 것을 모른다고 하면 지적해 주어야 한다. 하지만 잘못하면 실례가 될 수도 있다. 마음속으로만 갈등하고 아무 말도 하지 못하다 보면 '어쩔 수 없지. 내가 수정하는 수밖에.' 하며 스스로 떠안게 될 것이다.

따라서 "선배님이 일하시는 모습을 통해 좋은 영향을 받습니다."라는 식으로 말을 전하면 어떨까?

"이 부분에 입력 실수가 있었던 것 같은데 다시 한번 확인해 주시겠습니까? 여기도 아무래도 이상하니 수정 부탁드립니다. 전에 선배님께 배운 것이라 실수라는 것을 깨달을 수 있었습니다. 감사합니다. 이 제안서로 고객 평가를 잘 받고 싶어 세세한 곳까지 검토하게 되었습니다. 선배님의 협력에 감사드립니다."

실수를 지적하고 수정을 의뢰하면서도, 일을 알려 준 것에 대한 고마움을 전하는 동시에 선배의 협력에 감사의 뜻을 전했다. 이렇게 하면 상대방의 공헌감이 높아질 것이다.

선배의 기분을 상하지 않게 하려는 마음에 주목하면, 거북한 기분이 선배에게 그대로 전해지기 마련이다. 억지로 강요하듯 말하지 말고 선배의 공헌감을 높여 주는 식으로 말하면, 그도 흔쾌하게 수정 작업을 받아들일 것이다.

'진심 어린 칭찬'을
적절히 활용하라

　남을 칭찬하는 것에 서투른 사람들이 있다. 그런 사람에게 그 이유에 관해 물어보면 여러 가지 대답이 돌아온다.

　"칭찬하면 우쭐해져서 방심하기 때문에 별로 그러고 싶지 않다."

　이는 부하 직원을 칭찬하지 않는 상사가 자주 하는 말이다. 부하 직원이 우쭐해져서 실적을 올리면 상사가 하는 말을 듣지 않게 될까 봐 두려운 것일까? 반드시 그렇다고 단언할 수는 없다.

　원래는 부하 직원을 우쭐하게 만드는 것이 상사의 일이

다. 순조롭게 실적을 올리게 하는 것과 자신이 하는 말을 듣게 하는 것은 별개라는 것도 머리로는 잘 알고 있을 것이다.

하지만 진지한 사람일수록 부하 직원이 좀 더 성장하기를 바라는 마음으로 결점을 지적하며, 그것을 개선시키려고 노력한다.

"칭찬을 하면 뭔가 흑심이 있다고 생각할까 봐 말할 수가 없다."

이렇게 말하는 사람도 있다. 최근에는 이성에 대한 칭찬도 잘못하면 성희롱으로 받아들이는 경우가 있으므로 주저하는 사람도 많다고 들었다.

혹시 그렇게 생각한다면 성적인 의미가 없고 일의 본질에 관한 것만 칭찬하면 된다. 일을 척척 해치워서 멋지다거나 레이아웃 디자인이 대단하다거나 업무 처리 솜씨가 귀신같다는 등 업무에 관한 것을 칭찬하자.

예를 들어, 관리직에 종사하는 사람 중에 잘 혼내지 못한다는 사람이 있다. 아무리 마음을 다져도 강하게 말할 수 없다는 것이다. 그런 사람이야말로 '상대방의 공헌을 칭찬하는' 이 방법을 활용해 보기 바란다.

혼내야 한다는 것은 부하 직원의 실패나 단점을 발견해서 그 점을 개선시키고 싶다는 뜻이다. 개선된 상태로 만들려면 무슨 말을 어떻게 해야 할지 생각해야 한다.

말투를 강하게 해서 혼내느냐 마느냐의 문제가 아니다. 부하 직원 스스로가 개선하게끔 하는 것이 중요하다.

"자네의 이런 점은 너무 훌륭해서 늘 감탄하고 있어. 팀을 위해서 공헌해 주니 정말 고맙네. 이 부분만 고치면 더욱 완벽해질 것 같은데, 어떤가? 더 성장하기 위한 것이라고 생각하고 이 부분을 고치는 것에 한번 도전해 보지 않겠나?"

이런 식으로 칭찬을 섞어 개선을 촉구한다면, 적극적이고 자부심이 뛰어난 부하 직원을 육성할 수 있을 것이다.

상대방의 호의에 대해
고마운 마음을 전하라

어쩐지 마음이 내키지 않는 권유가 있을 것이다.

'매번 불러 주는데 거절하기가 어렵다. 지난번에는 모호하게 대답해서 적당히 넘겼는데 또 불렀네. 기분 나쁘지 않게 하려면 어떻게 말해야 될까?'

관계를 해치고 싶지 않은 마음과 가고 싶지 않은 마음이 갈등하는 상태다.

예를 들어, 친구가 본인의 취미인 뮤지컬을 보러 가자고 했다고 하자.

솔직히 뮤지컬에 크게 흥미가 없고 꽤 많은 돈도 들어서 거절하고 싶다. 하지만 친구는 "그 작품을 보면 뮤지컬의 장점을 알게 되어서 너도 반드시 좋아하게 될 거야!"라며 계속 같이 가자고 권하는 상황이다. 그 친구와 계속 친하게 지내고 싶다면, 상대방의 호의에 대해 감사를 표시하는 방법이 효과적이다.

"늘 같이 가자고 말해 줘서 고마워! 하지만 난 요즘 발레에 흥미가 생겨서 가능하면 그걸 보고 싶어. 좋은 좌석은 꽤 비싸거든……. 모처럼 불러 줬는데 미안해. 그래도 가볍게 차 한잔 마시는 것은 가능하니까 언제든지 연락해."

상대방의 호의에 대해 확실히 감사를 표시하면, 상대방은 자신이 도움이 되었다고 느낄 수 있다. 그런 후 자신이 하고 싶은 말과 진짜 기분을 전하자.

하기 힘든 '할 말'을
어떻게 전해야 할까

잘되라고 참견한 것이 다른 사람에게 민폐를 끼칠 수도 있다. 이것이 바로 '쓸데없는 참견'이다.

예를 들어, 아이가 아직 어려서 과자와 같이 단 음식은 주지 않기로 결심했다고 하자. 그런데 집에 놀러 온 시부모가 손자에게 초콜릿을 주려고 했다.

식사나 건강에 관한 연구는 날마다 진행되고 있다. 그래서 몸에 좋다고 하는 것도 시대에 따라 달라지기 마련이다. 식사나 건강에 관한 상식도 부모 세대가 알고 있는 것과 지금

세대가 알고 있는 것은 크게 다를지도 모른다.

당신은 아이에게 초콜릿을 주면 안 된다고 생각한다. 하지만 시부모는 손자를 기쁘게 하려고 초콜릿을 주려고 한다.

사고방식의 차이에 관해 말하는 것은 감정을 상하게 할 수 있다. 아이가 초콜릿 맛을 알아서 더 달라고 해도 큰일이다. 이럴 경우 시부모에게 어떻게 말해야 할까?

"어머니, 고맙습니다! 이런 것도 챙겨 주시고……. 그런데 사실 아이한테 아직 과자나 초콜릿을 주지 않고 있거든요. 좀 더 크면 주려고요. (아이에게) 빨리 자라렴. 그러면 할머니에게 초콜릿을 받을 수 있을 거야! 알겠지?"

이런 식으로 감사한 마음과 더불어 자신의 '할 말'을 전한다면, 상대방도 기분 좋게 당신의 주장을 받아 줄 것이다.

POINT

- 누군가를 도울 수 있을 때 자긍심과 행복감이 높아진다.
- 상대방의 공헌에 대해 칭찬하자.
- '마음이 내키지 않는 권유'나 '쓸데없는 참견'에도 고마움을 나타내도록 하자.

뻔뻔하게
말해도
마음을 얻는
사람들의 공통점

대화도 캐치볼과 똑같다. 두 사람 이상이 모여서 대화를 나눌 때 서로가 일방적으로 말하기만 해서는 대화가 성립되지 않는다. 상대방의 말을 확실히 받아들여서(캐치해서) 자신의 의견을 다시 던져야 한다. 상대방의 말을 제대로 듣지 않으면 다시 던질 수 없다.

'밝은 사람'으로
능숙하게 변신한다

    지금부터 '뻔뻔하게 말해도 마음을 얻는' 사람들의 특징을 소개하고자 한다. 훌륭한 대화법을 지닌 사람들의 특징을 알고 그것을 흉내 내는 것은 여러분이 호감형 인간으로 변신하는 데 분명 유용할 것이다.

    뻔뻔하게 말해도 마음을 얻는 사람들은 대체로 밝은 분위기를 자아낸다. 중요한 용건에도 웃음을 띠며 상대방을 끌어들이고 함께 즐거운 시간을 보낸다.

    그렇다면 반드시 성격이 밝아야 할까? 그렇지 않다.

뻔뻔하게 말해도 마음을 얻는 사람들은 사실 밝은 성격이 아닌 경우에도 자신은 밝다고 굳게 믿는다. 이들은 자신을 잘 속이는 힘이 있다. 저 연기는 진짜가 아닐까 하고 착각하게 만들 만큼 완벽하게 변신하는 배우와 같다.

우리는 사회생활을 하면서 어떠한 역할을 연기하고 있다. 알몸으로 목욕탕에 들어가면 누구나 다 평등하지만, 비즈니스 현장에서는 각 직무와 직급에 맞게 행동한다. 이 역시 역할을 연기하는 것과 같다.

하지만 날마다 자신을 속이는 일이 계속되면, 그 역할이 몸에 배어 능숙해진다. 또 자신이 자신의 연기에 속아서 진심이 되면, 그 연기가 생생해져서 신뢰감이 생긴다.

뻔뻔하게 말해도 마음을 얻는 사람들은 '밝은 사람'을 뻔뻔하고도 완벽하게 연기해 감정, 사고, 말, 행동을 능숙하게 일치시킨다.

상대방의 말을
정확히 캐치한다

　공을 던지고 받는 것을 뜻하는 '캐치볼'이라는 말이 있다. 나는 이 말이 이상하다고 생각한 적이 있다. 피치볼이라고 하지 않고 캐치볼이라고 하기 때문이다.

　그냥 던지기만 한다면 상대방이 붙잡지 못하게 던지거나 멀리 던지거나 최대한 빨리 던질지도 모른다. 하지만 캐치볼은 상대방을 목표로 해서 던진다. 그리고 상대방은 반드시 공을 잡는다. 상대방은 잡은 공을 다시 던진다. 즉, 캐치볼은 던지는 것보다 잡는 것이 포인트다.

대화도 캐치볼과 똑같다. 두 사람 이상이 모여서 대화를 나눌 때 서로가 일방적으로 말하기만 해서는 대화가 성립되지 않는다. 상대방의 말을 확실히 받아들여서(캐치해서) 자신의 의견을 다시 던져야 한다. 상대방의 말을 제대로 듣지 않으면 다시 던질 수 없다.

상대방은 내 말을 받아서(캐치해서) 자신의 의견을 다시 던진다. 상대방이 받을 수 없는 말을 던지는 것은 대화에서 엄격히 금지된다. 상대방이 이해할 수 없는 외래어나 가족끼리만 통하는 은어나 전문 용어를 많이 쓴다면, 상대방은 내가 던진 공을 잡지 못할 수밖에 없다.

이렇게 되면 내 말을 확실하게 전할 수도 없을 뿐더러 상대방이 이해하지 못하기 때문에 결코 호감을 얻을 수 없다.

'유머 감각'을 통해
웃음을 끌어낸다

비즈니스에서는 감정의 기복을 최대한 억제해야 한다. 말과 논리와 숫자의 세계이기 때문이다. 하지만 대화할 때 감정이 지닌 영향력은 크기 때문에 지나치게 감정을 빼 버리면 대화가 답답하게 느껴질 수도 있다. 일할 때는 굳이 웃음이 필요 없다는 의견도 있지만, 유머나 웃음이 있으면 한숨 돌릴 수 있어 대화를 더 좋은 방향으로 이끌 수 있다.

유머는 답답한 논리의 세계에 균열을 일으켜 소통이 잘되게 해 준다. 지적으로 엉뚱한 소리를 해서 웃음을 불러일으키거나 개념과 개념이 희한하게 겹쳐 무심코 웃거나 몰랐던 것을 갑자기 깨닫는 체험을 할 수 있다.

대화할 때 적절한 웃음을 끌어내려면 유머 감각이 중요하다. 뻔뻔하게 말해도 마음을 얻는 사람들에게는 '반드시'라고 해도 좋을 정도로 유머 감각이 있다.

유머는 매사를 다각도로 볼 수 있어야 생긴다. 성미가 까다로운 부장의 얼굴이 동물원의 하마를 닮았다고 생각하는 센스도 유머라면, 최첨단 비즈니스 모델을 어묵 가게의 재료로 설명할 수 있는 것도 유머다.

유머 감각을 키우기 위해서는 현재 유행하는 개그나 만담, 야담을 접하는 것이 좋다. 유머 소설이나 세계의 우스운 이야기, 유머집 등을 읽는 것도 좋다.

무엇보다 평소 일상생활에서 웃을 수 있는 소재를 찾아내는 훈련을 하는 것이 중요하다. 그런 소재를 찾아내면 우리의 일상은 웃음으로 흘러넘친다. 자꾸 웃음을 찾고 만들어내다 보면, 자신도 모르게 유머 감각이 생길 것이다.

상대방과의 공감대를
찾으려고 노력한다

스포츠는 똑같은 규칙으로 경쟁해야 즐길 수 있다. 야구에서 타자가 공을 치고 곧바로 삼루로 달리는 일이 없는 이유는 타자가 야구 규칙을 이해하고 있기 때문이다. 규칙을 이해한 사람끼리 즐길 수 있는 것이 바로 스포츠다.

대화도 마찬가지다. 뻔뻔하게 말해도 마음을 얻는 사람들은 처음 만난 사람이라고 해도 공통적인 규칙을 찾으려고 한다. 서로의 의향을 나타내거나 찾는 과정에서 자신들이 미식축구를 하고 싶은지 배드민턴을 치고 싶은지 찾는 것이다.

일방적으로 "나는 야구밖에 안 한다고!", "아니야, 럭비가 더 좋아."라는 식으로 말한다면, 같은 스포츠를 함께 즐길 수가 없다.

이와 마찬가지로 대화하는 사람끼리 똑같은 감정의 기반을 공유하기 위해서는 공감의 말을 자주 사용해야 한다. 공감의 말이란 상대방의 말을 받아들이고 자신의 내면에서 느껴지는 감정을 표현한 말을 의미한다.

예를 들면, "좋네요.", "정말로 그렇군요.", "아니에요. 이해합니다.", "동감입니다.", "정말 그 말이 맞네요." 등이 있다. 이런 식으로 자신이 느낀 감정을 말로 덧붙이는 것이다. 이를 통해 서로를 적대시하지 말고, 되도록 빨리 공통된 과제를 해결하는 관계가 될 수 있도록 하자.

대립 관계였다고 해도 심리적으로는 똑같은 방향으로 함께 걸어가는 동료라고 느껴야 대화가 풀린다.

또한 같은 방향으로 갈 경우에는 어느 쪽이 빠른지 경쟁하기보다 함께 손을 잡고 더 멀리까지 갈 수 있도록 하자.

중요하지 않은 말은
'쿨하게' 받아넘긴다

뻔뻔하게 말해도 마음을 얻는 사람들은 하찮은 일과 본질을 구별한다. 게다가 표면적인 일에 일일이 화를 내지 않는다. 본질을 늘 의식해서 상대방의 사소한 말실수나 작은 실례는 눈감아 준다.

상대방이 실례되는 말을 해도 진심으로 받아들이지 않고 슬쩍 받아넘긴다. 그 실례되는 말의 뒤에 숨어 있는 본질을 의식했기 때문이다.

또한 뻔뻔하게 말해도 마음을 얻는 사람들은 상대방이 평정심을 잃고 심한 말을 했다고 해도 다른 요인, 즉 속이 상했거나 엄청나게 슬픈 일이 있었기 때문에 감정을 억누르지 못하고 심한 말을 했을 것이라고 생각한다.

자신이 말하기 힘들다고 느끼면, 그 감정을 뒤로 미루고 기분을 띄운다. 말을 꺼낼 수 없다는 생각을 받아넘기고 진심으로 원하는 자세를 연상해 그 모습에 한 발이라도 더 다가가려고 애쓴다.

본질적으로 중요한 것은 진지하게 따져 봐야겠지만, 비본질적이고 하찮은 일은 받아넘길 수 있어야 한다. 아무래도 상관없는 일을 받아넘기지 못하고 착실하게 임하면 시간만 낭비하게 된다.

'중요한 것은 무엇인가?' 늘 이 점을 생각해야 한다.

건설적으로 생각하고
밝게 말한다

뻔뻔하게 말해도 마음을 얻는 사람들은 건설적이고 밝게 말할 수 있다. 부정적이고 어두운 유형일 경우에는 뻔뻔하게 말할수록 미움을 받는다.

그렇다면 '건설적'이라는 말은 어떤 뜻일까?

'없는 것'을 전제로 이야기를 진행하지 않고 '있는 것'을 전제로 진행한다는 뜻이다. 긍정 위에 긍정을 쌓아 가는 사고방식이다. 공중에 벽돌을 쌓을 수 없듯이 이미 쌓은 벽돌 위에 벽돌을 거듭 쌓아 가는 사고방식이 건설적이라는 말이다.

건설적인 사람은 목표를 달성하지 못했다고 하더라도 '부정적'인 것을 전제로 이야기하지 않는다. 목표를 100% 달성하지 못했다고 해도 어느 정도는 달성했다고 여긴다. 달성했다고 생각한 만큼은 '있는' 것이다. 예를 들어, 60%를 달성했다면 60% 달성을 전제로 이야기를 진행한다.

그리고 상대방에게는 좋은 점이 없다고 생각하기보다 상대방의 좋은 점을 찾아내 그것을 전제로 이야기를 진행한다.

이처럼 건설적인 사람들은 조금이라도 있는 좋은 점을 키워 나가자고 생각한다.

예를 들어, "우리 회사는 정말 최악이야."라고 말하고 싶어졌다고 하자. 하지만 널찍한 사무실도 있고 월급도 제때 나오고 거래처와 상품도 있으며 물류 시스템도 갖춰져 있다. 상황이 이렇다면 그런 것들을 전제로 더 회사를 좋게 만들려면 무엇을 할 수 있을지 생각해야 한다. 이런 것이 바로 건설적인 생각이다.

아무것도 없다는 생각에 빠지면 그 즉시 기분을 새롭게 해서 '있는 것'을 찾고, 그것을 전제로 좀 더 '있는 것'을 거듭 쌓아 가는 것이다.

이렇듯 긍정에 긍정을 거듭하다 보면, 귀에 거슬리는 말을 뻔뻔하게 전해도 상대방의 마음을 얻을 수 있다. 대부분 사람은 부정적인 말보다 긍정적인 말에 끌린다는 사실을 명심하자.

'영혼이 기뻐하는'
행복을 추구한다

고민이 있거나 망설일 때는 '무엇을 위해 그것을 하고 있는가?' 하고 자문해 보면 해결의 실마리가 보인다.

대화가 잘 모르는 내용으로 전개될 경우에도 '지금 눈앞에 있는 사람과 무엇을 위해 대화하는가?' 하고 자문해 보기 바란다.

상대방을 제압하기 위해서인가? 자존심을 지키기 위해서인가? 아니면 좋은 관계를 구축하고 싶다거나 상대방에 대해 좀 더 알고 싶은 것인가? 함께 이익을 낼 수 있도록 비즈니스를 발전시키고 싶은 것인가?

만약 당면한 목적이 보인다면, 그 목적의 상위 목적을 생각해 보자.

상대방을 제압하면 어떤 점이 좋은가? 어떤 목적으로 제압하고 싶은 것인가? 상대방과 좋은 관계를 구축하고 싶다면, 무엇을 위해 그렇게 하고 싶은 것인가? 비즈니스를 발전시키고 싶다면, 무엇을 위해 그렇게 하고 싶은 것인가?

점점 거슬러 올라가 상위 목적을 탐구하다 보면, 자신이 행복을 바란다는 것을 깨닫게 된다. 즉, 궁극적으로 행복하고 풍요로운 인생을 보내고 싶은 것이다.

이 목적은 당신이 행복을 독점하는 것만으로는 이루어질 수 없다. 당신의 주위에 있는 사람들도 행복해지기를 바라야 한다. 또 지역과 나라를 뛰어넘어 세계의 모든 사람이 행복하기를 바라야 한다. 모든 것이 행복하고 풍요로울 때 우리는 진정한 의미의 행복을 느낄 수 있다.

우리가 나누는 대화는 자신만의 행복을 바라는 것이 아니라 상대방의 행복, 그리고 다른 많은 사람의 행복을 바라는 것으로 이어진다.

나는 모든 사람이 행복을 느끼고 기뻐하는 상태를 "영혼이 기뻐한다."라고 부른다. 이것은 우리가 살아가기 위한 궁극의 목적이다.

이러한 궁극의 목적을 의식적으로 추구한다면, 여러분 모두 호감형 인간이 될 수 있을 것이라고 믿는다.

POINT

- 유머나 웃음이 있으면 한숨을 돌릴 수 있어 대화를 더 좋은 방향으로 이끌 수 있다.
- 상대방의 말을 정확히 캐치하는 것이 중요하다.
- '건설적인 사람'은 상대방의 좋은 점을 찾아내 그것을 전제로 이야기를 진행한다.

성공적인 대화를 통해
꿈을 실현하기를

끝까지 읽어 주셔서 고맙습니다. 어떠셨나요?

'대화법'이라는 것은 한마디로 딱 말할 수 있어도 그것을 진지하게 터득하려고 하면 방법이 여러 가지로 나뉩니다.

사람과의 대화, TV 속의 대화, 머릿속의 대화 등 우리의 일상은 늘 대화로 꽉 채워져 있습니다. 남과의 접점을 이룰 때 가장 중요한 커뮤니케이션 방법이 바로 대화입니다.

부담스럽고 힘겨운 대화보다는 '영혼이 기뻐하는' 즐거운 대화, 혼자보다는 모두 함께, 지금뿐만 아니라 미래에도……

우리는 이렇게 시야를 넓혀 가며 날이 갈수록 성장합니다. 이 순간에도 어떻게 하면 말과 행동을 일치시키고 능숙한 대화를 나눌 수 있을지, 어떻게 하면 그것을 통해 관계를 개선하고 행복감을 느끼며 꿈을 이룰 수 있을지 고민에 빠진 사람이 많을 것입니다.

이 책이 여러분의 대화력을 높여 주고 여러분만의 인생을 걸어갈 수 있는 계기를 마련해 준다면, 저자로서 그보다 더한 기쁨은 없을 것입니다. 이 책에 소개한 대화법을 실천하면 여러분의 세계가 바뀌고, 꿈을 실현하는 날이 가까워질 것이라고 믿습니다.

여러분의 더 큰 활약과 건강, 행복을 진정으로 기원하겠습니다.

2020년 6월 좋은 날

후지요시 다쓰조

뻔뻔하게 말해도 마음을 얻는 대화법

초판 1쇄 발행 ㅣ 2020년 7월 1일

지은이 ㅣ 후지요시 다쓰조
옮긴이 ㅣ 박재영
펴낸이 ㅣ 김채민
펴낸곳 ㅣ 힘찬북스
출판등록 ㅣ 제410-2017-000143호

주소 ㅣ 서울특별시 마포구 망원로 94, 301호
전화 ㅣ 02-2272-2554
팩스 ㅣ 02-2272-2555
이메일 ㅣ hcbooks17@naver.com

ISBN 979-11-90227-08-7 03320
값 14,800원